日仏対訳

日本風物詩

Le meilleur de la culture japonaise

Japonais-Français bilingue

装幀/*Présentation de couverture*
佐久間麻理 (3Bears)

写真/*Photographies*
Katsuhiko Mizuno
p.21, p.29, p.31 上, p.65, p.117

Stuart Varnam-Atkin
p.43, p.51, p.57 下, p.59, p.61, p.63, p.91, p.97

Mitsuo Tsukada
p.19, p.25, p.27, p.33, p.35, p.39 上, p.45, p.55, p.73 下, p.105, p.135, p.145, p.181

© Luciano Mortula - LGM /Shutterstock.com p.31 下
毎日新聞社/アフロ p.111
Universal Images Group/アフロ p.113
AP/アフロ p.183
© Caito – Fotolia.com p.185

photolibrary, PIXTA, MIXA, 素材辞典, IBC編集部

◆ 日仏対訳

日本風物詩

ステュウット ヴァーナムーアットキン
とよざきようこ 日本語訳
ローラン・ストリム フランス語訳　著

Le meilleur de la culture japonaise

Japonais-Français bilingue

Une vue d'ensemble illustrée

IBC パブリッシング

Introduction

Pourquoi 108 ?
Que signifie *igo* ?
Que signifie *ema* ?
Que veut dire 7-5-3 ?
Que signifie *kokeshi* ?
Pourquoi le bodhisattva Jizo
est-il représenté avec un bâton ?
En quoi sont faites les reproductions
de nourriture dans les vitrines des restaurants ?
Pourquoi les mariées sont-elles vêtues de blanc ?
Combien de perles comporte un rosaire bouddhiste ?
Pourquoi mange-t-on des nouilles de sarrasin le 31 décembre ? *

Alors que l'excitation à l'approche des jeux Olympiques de Tokyo en 2020 va croissant, l'intérêt pour le Japon et sa culture augmente rapidement dans le monde entier, et de plus en plus de visiteurs étrangers affluent pour découvrir par eux-mêmes cette culture. Certains se passionnent pour les dernières nouveautés, telles que les « maid cafés »

---

* Afin de garder l'image du mont Fuji, l'ordre n'est pas le même dans le texte français et dans le texte japonais.

まえがき

108って？

囲碁ってなに？

絵馬は何ですか？

こけしとはなんのこと？

七五三とはなんですか？

花嫁はなぜ白い衣装を着るの？

食品サンプルは何からつくるの？

お地蔵さまはなぜ錫杖を持って歩く？

そばを大晦日に食べるのはなぜですか？

仏教徒の数珠に珠はいくつ並んでいるのか？ *

　2020年東京オリンピックのわくわくするような大イベントに向かう今、世界中で日本や日本文化への関心度が急速に高まっており、その文化をじかに体験しようと来日する観光客がますます増えている。メイドカフェやアニメのような最新トレンドに夢中な人もいれば、奈良や京都など古都の観光地訪問が待ちきれない人もいるだろう。だがその人たちのだれ

＊訳注：富士山のイメージを維持するため、仏文と和文の順序は、必ずしも一致しません。

et les dessins animés. D'autres sont impatients de découvrir les curiosités célèbres de Kyoto et de Nara, les anciennes capitales.

Quoi qu'il en soit, tous peuvent ressentir la manière étonnante dont l'ultramoderne coexiste avec de nombreux éléments du Japon traditionnel, ainsi qu'une kyrielle d'attractions saisonnières.

En présentant une large sélection d'aspects pittoresques de la culture japonaise qu'on peut voir aujourd'hui encore à travers tout le pays, ce livre bilingue essaie de répondre à une petite partie de la montagne de questions que se posent les étrangers. Il ne comporte pas seulement de courtes explications, mais également des photographies soigneusement choisies, qui donneront une idée visuelle colorée de la vie japonaise à ceux qui ne l'ont jamais expérimentée, tout en rappelant de bons souvenirs à ceux qui ont eu la chance de visiter ce pays.

Les termes japonais sont signalés par l'usage de l'italique à leur première occurrence dans chaque article. J'espère que vous trouverez le texte intéressant et prendrez plaisir à regarder les images. Je remercie Kyoko Kagawa et Hiromi Hishiki pour leur enthousiasme et leur soutien, et Yoko Toyozaki et Laurent Strim pour leurs traductions minutieuses.

Stuart Varnam-Atkin
Tokyo, 2018

もが同じように感じることがある。それは、膨大な季節の風物詩と共に、超現代的な側面が、伝統的な要素の数々と見事に共存している日本の姿である。

　今日でも全国津々浦々に見られる色彩豊かな日本文化のあれこれを幅広くとりあげた本書は、外国人が疑問をもつ山ほどの不思議のいくつかにバイリンガルで答えようとするものだ。それぞれのテーマに関する短い説明や慎重に選ばれた写真によって、日本の日常を垣間見たことがない人たちにはそのイメージが鮮明になり、一方で、訪日を果たされた幸運な人たちには懐かしい思い出がよみがえってくることだろう。

　日本語は、それぞれのテーマで初めて出現する場合、斜体で記してそれが日本語であることが分かるようにした。読者が本書の内容や掲載された写真に興味を持ち楽しんでくだされば幸いである。編集者の賀川京子さん、菱木啓美さんの熱意とご支持に、そして豊崎洋子さん、ローラン・ストリムさんのていねいな翻訳に感謝の意を表する。

ステュウット ヴァーナム-アットキン
2018年　東京にて

目次

Chapitre 2

街の風景 *Au fil des rues* 47

Chapitre 3

冠婚葬祭 *Cérémonies et objets rituels* 67

Chapitre 6

歳時記 *Au fil des saisons*　129

Chapitre 1

寺社仏閣

Sanctuaires et temples

Jinja 神社

Les sanctuaires Shintô ordinaires, consacrés à la vénération des ancêtres, sont appelés *jinja* et incluent souvent le suffixe -*miya* dans leur nom. Toutefois, plusieurs autres mots sont utilisés, selon le statut et l'histoire du sanctuaire. Le mot *taisha* désigne un lieu particulièrement sacré, comme Izumo Taisha, dans la préfecture de Shimane. Les sanctuaires de haut rang, étroitement liés à un empereur ou conservant le souvenir d'un empereur défunt, sont appelés *jingu*, tel Meiji Jingu à Tokyo ou Ise Jingu, dans la préfecture de Mie. Le suffixe -*gu* en lui-même suggère des liens avec la famille impériale, comme dans le cas de Tsurugaoka Hachimangu à Kamakura.

　先祖崇拝と結びついた一般的な神道の社は神社と呼ばれ、たいていは名前の末尾に「宮」がつく。だが、神社の社格と沿革に応じてさまざまな社号がある。島根県の出雲大社にあるような大社は非常に神聖な社号である。東京の明治神宮や三重県の伊勢神宮のように、天皇とのつながりが深かったり、昔の天皇を祭ってある社格の高い神社は神宮と呼ばれる。鎌倉の鶴岡八幡宮のように、末尾に「宮」がつく神社も皇室とのつながりを示している。

Shimenawa　しめ縄

À l'entrée et en différents endroits à l'intérieur d'un sanctuaire, on aperçoit des *shimenawa*, des cordes de paille torsadée auxquelles sont suspendues des bandes de papier blanc *(shide)*. Elles indiquent la bordure d'un espace sacré et sont parfois accrochées autour d'arbres ou de rochers sacrés.

L'accès d'un sanctuaire est signalé par la présence d'au moins un portail symbolique, ou *torii*. Tel le porche de cimetière d'une vieille église anglaise, le premier torii marque la limite entre le monde sacré et le monde profane. Le nombre de torii n'est pas fixé. Vous devez en principe les franchir pour purifier votre cœur et votre esprit avant de vous présenter devant le ou les dieux vénérés en ce lieu. Marchez toujours sur le côté du chemin qui mène au sanctuaire, car le centre est réservé aux déités.

寺社仏閣

神社の入り口など、境内では、細長く切った白い紙 (四手) が垂れ下がるしめ縄というねじったわらのロープを目にすることだろう。これは神聖な場所の境界を示すもので、神木や岩にかけられることもある。

神社の参道には、門を象徴する鳥居が少なくとも1基はある。イギリスの古い教会の墓地の入口にある屋根付きの門のように、一の鳥居は俗界と聖域の境界を示している。鳥居の数は決まっていない。参拝者はこの鳥居をくぐって心を清め、祭られている神の前に立つ準備を整える。参道の中央は神さまのために用意されたものなので、常に端を歩くよう努める。

Torii 鳥居

Les *torii* ont été décrits comme l'une des plus belles créations artistiques nées de la rencontre de seulement quatre lignes entrecroisées. Les caractères chinois pour « torii » signifient littéralement « perchoir ». Ni l'origine du mot ni celle de la forme des torii ne sont très claires. Le mot provient peut-être, tout comme l'anglais *door*, de l'ancien terme indien *torana*, voulant dire « portail ». Les torii ressemblent beaucoup à certaines portes que l'on trouve en Chine ou en Corée, mais ils ont pu tout aussi bien se développer sur le modèle des portails traditionnels *(mon)* que l'on voit aujourd'hui encore devant les maisons anciennes et à l'entrée de l'enceinte des temples.

　鳥居は、たった4本の線が交差して形成される最も見事な芸術品の1つといわれてきた。「鳥居」という漢字には、文字どおり「鳥のとまり木」という意味があるが、その呼称や形の起源ははっきりしない。英語のdoorと同じように、鳥居は門を意味するインドの昔の言葉toranaを起源にするとの説がある。中国や韓国で見られる門にもよく似ているが、今でも旧家や古寺で見かけるような古い時代の門構えが単に発展しただけなのかもしれない。

Les torii peuvent être en bois de *hinoki* (cyprès), en pierre, en métal ou en béton. Ils présentent plus d'une dizaine de dessins de base différents, la plupart étant constitués de deux poteaux *(hashira)*, d'un linteau *(kasagi)* et d'une traverse *(nuki)* reliant les deux poteaux. Leur variété s'étend du colossal et austère premier torii en acier du Yasukuni Jinja, à Tokyo, avec ses kasagi et nuki rectilignes de style *shimmei*, au célèbre et plus élaboré torii rouge, de style *ryobu*, qui se dresse dans la mer face au sanctuaire d'Itsukushima, sur l'île de Miyajima, près de Hiroshima. Le sanctuaire Fushimi Inari Taisha à Kyoto comporte des sortes de tunnels formés par des milliers de torii rouges. Dans le cas du Tsurugaoka Hachimangu de Kamakura, ses trois torii sont très espacés les uns des autres car de nombreux fidèles y viennent en bateau et marchent depuis la plage.

寺社仏閣

鳥居の建築には、ヒノキや石、金属、コンクリートなどが使用される。ほとんどが2本の柱と1本の笠木、そして1本の貫からなり、主なものでも10数種を超える形式がある。そのバリエーションは、東京、靖国神社の巨大で堅牢な鋼管製の大鳥居に代表される直線的な神明鳥居から、広島の宮島、厳島神社で有名な、より装飾的な朱塗りの両部鳥居まで、さまざまである。この厳島神社の鳥居は海の中に立っている。京都の伏見稲荷大社には、何千もの朱塗りの鳥居が連なったトンネルがある。鎌倉の鶴岡八幡宮の場合、3基ある鳥居の間にかなりの距離がある。これは船で来て浜辺から歩いた参拝者が多かったからだ。

Komainu 狛犬

De chaque côté de l'entrée d'un sanctuaire, on voit souvent deux statues, en pierre, en bois ou en bronze, d'animaux-gardiens mythiques ressemblant à des lions. Appelés *komainu*, ils tiennent le mal à distance. Quand le lieu est consacré à Inari, le dieu des moissons et de l'industrie, les statues représentent des renards. Les chemins menant au sanctuaire sont bordés de lanternes de pierre *(toro)*, généralement offertes par des croyants. Près des bâtiments se trouve un bassin *(chozuya* ou *temizuya)* recouvert par un toit, où il est possible de vous laver les mains et de vous rincer la bouche en utilisant l'une des louches *(hishaku)* fournies. Notez bien que vous n'êtes pas censé porter la louche à vos lèvres mais recueillir de l'eau dans le creux de votre paume…

寺社仏閣

神社入り口の両脇には、石製や木造、あるいは銅製の獅子に似た想像上の守護獣の像が一対で置かれていることが多い。狛犬と呼ばれ、魔除けとなる。豊穣と商いの神を祭る稲荷神社の場合は、キツネの像が置かれる。神社の参道に並ぶ石製の灯篭は、一般的に信者が献納したものだ。社殿の近くには屋根つきの水槽（手水舎＝「ちょうずや」または「てみずや」）があって、参拝者は備えてあるひしゃくを使ってここで手を洗い口をすすぐ。留意すべきは、ひしゃくからじかに飲むのではなく、すぼめた手に水を注いで飲むことである。

Saisenbako 賽銭箱

Les bâtiments des sanctuaires sont souvent simples d'apparence, voire dénués de toute décoration. Ils sont faits pour prier les dieux, non pour écouter des sermons. Les constructions principales sont le *haiden*, la Salle extérieure, qui sert d'oratoire pour le public, et le *honden*, le Sanctuaire intérieur, qui contient des objets symboliques destinés à la vénération et dont l'accès est réservé. Devant le haiden, il y a toujours une boîte *(saisenbako)* pour les offrandes d'argent et une corde suspendue à l'avant-toit avec une petite cloche. Vous jetez un peu d'argent (généralement des pièces), tirez sur la corde, frappez deux fois dans vos mains pour attirer l'attention des dieux, puis priez avec les paumes jointes au niveau du visage.

社殿は外観が質素なものが多く、装飾のないものも珍しくない。神を拝むための場所であって、神職が教えを説くための場所ではない。中核となる社殿は、参拝者の拝礼のために設けた前殿である拝殿と、聖域である本殿である。本殿にはご神体が納められており、一般参拝者の本殿への立ち入りは許されていない。拝殿の正面には必ず献金を受ける箱（賽銭箱）があり、小さな鈴がついた縄が屋根から垂れ下がっている。賽銭箱に現金（ふつうは小銭）を投げ入れ、縄を引っ張り、神々の注意を引くために二度かしわ手を打つ。それから両手を顔の高さで合わせ、祈りを捧げる。

Kemari 蹴鞠

Le jeu ancien appelé *kemari* (ou *shukiku*) montre bien, même s'il n'est jamais devenu un sport de compétition, qu'il y a toujours eu des Asiatiques doués pour attraper une balle en l'air avec le pied. Probablement introduit au Japon depuis la Chine au VIIe siècle, on peut toujours y assister dans plusieurs sanctuaires, tel le Shimogamo Jinja de Kyoto, où il tient lieu de prière pour la paix et une bonne récolte afin de donner le coup d'envoi de la nouvelle année. Un cercle constitué habituellement de huit joueurs *(mariashi)* en habits de cour traditionnels et chaussures de cuir crie « Ari », « Ya » et « Oh », tout en se passant un ballon *(mari)* en peau de daim de 24 centimètres de diamètre et en essayant de faire plaisir aux dieux en le maintenant dans les airs le plus longtemps possible. En plus des pieds et des mains, ils peuvent utiliser n'importe quelle partie de leur corps. Les jeux organisés en 2014 au Shimogamo Jinja utilisaient également un ballon officiel de coupe du monde.

　勝負を競わない古代の遊戯、蹴鞠（「しゅうきく」とも読む）は、アジア人が古くからボールを落とさずに蹴り続ける技に優れていたことを立証するものだ。おそらくは7世紀に中国から渡来したもので、今日でも蹴鞠を行う神社がある。例えば、京都の下賀茂神社では、年の初めにその年の平穏と豊作を祈願して蹴鞠はじめが行われる。通常は平安装束に身を包み革製の靴をはいた鞠足と呼ばれる8人の競技者が輪になって、「アリ」「ヤア」「オウ」などと掛け声を発しながら、直径24センチの鹿皮製の鞠を蹴り合い、できるだけ長く蹴り続けて神々を楽しませる遊びである。競技者は、手と腕以外は体のどの部分を使ってもよい。下賀茂神社で行われた2014年の蹴鞠はじめでは、サッカーワールドカップ公式球も使われた。

Tera 寺

Tera est le terme général pour désigner un temple bouddhique. Les noms des temples se terminent le plus souvent par *-ji* (le Sensoji à Tokyo, le Todaiji à Nara) ou *-in* (le Chion-in à Kyoto). Jusqu'au XIXᵉ siècle, sanctuaires et temples étaient souvent combinés, et on retrouve parfois en un même lieu des caractéristiques architecturales des deux, comme dans le cas de la pagode à cinq étages du sanctuaire d'Itsukushima, sur l'île de Miyajima. Cependant, les temples se distinguent par des motifs plus flamboyants que les sanctuaires Shinto, de nombreux objets sacrés tels que des statues, des tours avec une cloche et des pagodes.

　寺は仏教寺院を指す一般用語。寺院の名称はふつう「寺」（東京の浅草寺、奈良の東大寺）や「院」（京都の知恩院）で終わる。19世紀まで、神社と寺院はしばしば折衷・融合していたので、例えば、厳島神社に建つ五重塔のように、それぞれの建築上の特徴を備えたものが同じ敷地内に見受けられることもある。しかし寺は神社に比べて華やかなデザインが特徴で、たとえば仏像、鐘楼、塔などの神聖な物体がたくさんある。

Goju-no-to 五重塔

La forme et le nom des bâtiments des temples varient selon l'école. Beaucoup de grands temples ont une porte principale monumentale ou *sanmon*, une Salle principale ou *kondo* (encore appelé *hondo* ou *butsuden*), où sont conservées des statues, et une salle de prédication ou *kodo* (encore appelé *hatto*), où sont récitées les écritures bouddhiques. Un autre type de construction caractéristique des temples est la pagode, souvent à cinq étages *(goju-no-to)*. De même que le *stupa* indien dont leur architecture dérive, les pagodes servent à conserver des reliques sacrées. Des recherches récentes ont prouvé que les goju-no-to, soutenus par un pilier central, sont remarquablement résistants aux tremblements de terre.

寺社仏閣

　寺の建物の設計および名称は宗派によって異なる。たいていの大寺院は、印象的な正門である山門（または三門）と、本尊を安置する金堂（本堂、仏殿）、仏典が読み上げられる講堂（法堂）を備える。ほかに、寺特有の建築物としては仏塔があり、五重塔と呼ぶ5層建てのものが多い。仏塔は、そのデザインの起源となるインドのストゥーパ（卒塔婆）と同じく、神聖な遺物を納めている。最近の研究から、心柱が支える五重塔は耐震性にも非常に優れていることがわかっている。

Kane 鐘

Une cloche suspendue est appelée *tsuri-gane* et les cloches des temples sont connues sous le nom de *bonsho*. On ne fait pas retentir le son d'un bonsho grâce à un battant intérieur, mais en le frappant depuis l'extérieur avec une poutre suspendue *(shumoku)*. Cette dernière est parfois si grosse qu'il faut plusieurs personnes pour l'actionner. Les bonsho sont placés dans une tour spéciale *(shoro* ou *kane-tsuki-do)* recouverte d'un toit et située à l'écart des autres bâtiments du temple.

　つるした鐘は釣り鐘と呼ばれ、寺院にあるものは梵鐘として知られる。しかし厳密にいうと、梵鐘は「鐘」ではなく銅鑼である。内部にある舌を揺らすのではなく、外側につり下がっている木の棒 (撞木) で直接ついて音を出す。撞木には非常に大きなものもあり、つくのに数人の手がかかることもある。梵鐘は鐘楼 (あるいは鐘つき堂) と呼ばれる、特別な屋根つきの建物の中に設置され、本殿とは離れたところにある。

Par le passé, les cloches des grands temples étaient sonnées 108 fois matin et soir. Parfois, elles indiquaient également l'heure ; la cloche du temple Zojoji à Edo (Tokyo) était sonnée tous les après-midis pour appeler les moines mendiants à regagner le temple. On dit que les jours de beau temps, certaines cloches s'entendaient à plusieurs dizaines de kilomètres à la ronde. À Edo, à une certaine époque, on pouvait entendre plus de 300 bonsho différents.

昔は大きな寺院の鐘は毎日、朝方と夕方に108回鳴らされていた。時刻を告げるためでもあった。例えば、江戸（今の東京）の増上寺の鐘はいつも午後の決まった時間に鳴らされ、托鉢に出ていた僧たちはそれを聞いて寺院に戻ってきたそうだ。静かだった昔は、鐘の音が数10キロ先まで届くこともあったという。江戸には一時期300を超える大きな梵鐘があった。

Ema 絵馬

Les *ema* sont de petites tablettes votives en bois vendues dans les sanctuaires. Elles ont en général quinze centimètres de large environ et cinq côtés, comme la coupe transversale d'une maison, avec souvent un petit toit et des cordelettes pour les suspendre. Vous écrivez dessus un souhait et la laissez au sanctuaire. À l'origine, les ema étaient offerts aux dieux en signe de gratitude mais, de nos jours, on s'en sert plus souvent pour faire un vœu. C'est ainsi qu'on peut voir dans les sanctuaires consacrés à l'éducation des milliers d'ema portant des vœux de réussite aux examens. Il en existe également de grande taille pour les souhaits collectifs.

　絵馬とは木製の小型の奉納額で、境内で販売されている。幅およそ15センチ、家の横断面のような五角形で、上部に小さな屋根や、つるすためのひもがついていることが多い。願いを書いて神社に奉納する。もともとは神々に対する感謝の念を奉納した絵馬だが、今では祈願のために使われることが多い。学問の神が祭られている神社には、合格祈願の絵馬がたくさん見受けられる。大人数でまとめて祈願するための大型の絵馬もある。

O-mikuji おみくじ

On appelle *O-mikuji* (oracle divin) des prédictions écrites qui se vendent à prix modique à la fois dans les sanctuaires et dans les temples. La marche à suivre consiste normalement à tirer ou faire tomber d'un cylindre ou d'une boîte un bâtonnet de bambou. Sur celui-ci est marqué un numéro et un prêtre ou une employée de sanctuaire *(miko)* vous donne le papier correspondant, qui révèle votre avenir. Néanmoins, on trouve aujourd'hui de nombreux distributeurs automatiques d'O-mikuji, qui ressemblent un peu à des boîtes aux lettres rouges.

　おみくじ（神の占い）とは吉凶を記したもので、神社仏閣どちらでも、わずかなお金で求めることができる。筒や箱の中から引いたり振ったりして竹の棒を1本出すのが通常のやり方だ。棒には番号が記されており、神主か巫女が、その番号に該当する運勢が書かれた紙を手渡してくれる。しかし今では、赤い郵便ポストそっくりのおみくじ自動販売機が多くなっている。

O-mamori お守り

Le mot *mamori* signifie « défense » ou « protection », et un *O-mamori* (ou *mayoke*) est une sorte de petit talisman ou amulette, provenant d'un temple ou un sanctuaire, destiné à attirer la chance et protéger du mal. Il consiste en un morceau de papier, de bois ou de chiffon béni par un prêtre. Il contient le nom d'un dieu et une prière, et est enveloppé dans un petit sac de brocard portant le nom du sanctuaire ou du temple. Les o-mamori ont généralement un objectif précis : éviter les accidents de la route, prémunir contre la maladie, faire qu'un accouchement se passe bien, garantir la réussite aux examens, etc. On peut les transporter sur soi ou les accrocher quelque part, comme au tableau de bord d'une voiture. Ils sont parfois donnés comme cadeau par quelqu'un qui revient de la visite d'un temple ou un sanctuaire célèbre.

「守り」とは「防衛・保護」を意味する言葉で、お守り（もしくは魔除け）は寺社で入手できる小型のタリスマン（幸運を呼ぶお守り）やアミュレット（魔除けのお守り）のようなもので、福を招いて厄をはらう。お守りには、僧侶や神主によって清められた紙や木や布などが入っている。そこには神の名前や祈禱文句が書いてあり、社寺の名前が入った小さな金襴織りの袋に封入されている。お守りにはふつう、交通安全や無病息災、安産祈願、入試合格など、特定の目的があり、持ち歩いたり、車のダッシュボードなどにつるすことができる。有名な神社や寺を訪ねた人がお土産にお守りをくれることもある。

O-jizo-sama　お地蔵さま

Les statues en pierre d'*O-jizo-sama* qui se dressent un peu partout au Japon représentent Jizo bosatsu, le sauveur bouddhiste auquel on attribue le soulagement de toutes sortes de souffrances. Divinité protectrice des voyageurs et des femmes enceintes, il protège également les enfants mort-nés des démons. Il a l'apparence d'un moine au crâne rasé, chaussé de sandales de pèlerin, esquissant un léger sourire. Il tient dans la main gauche un joyau mystique qui exauce les vœux *(hoju)* et, dans la droite, un bâton avec six anneaux de métal *(shakujo)* ; les pèlerins avaient l'habitude de secouer ces anneaux quand ils marchaient, afin que les créatures vivantes les entendent approcher et s'écartent de leur chemin pour ne pas être blessées.

Il arrive souvent que les habitants des environs accrochent une pièce de vêtement, telle une bavette, autour du cou ou des épaules de la statue, et lui posent un chapeau ou une capuche en tricot sur la tête.

石像のお地蔵さまは日本中で見られる。お地蔵さまは仏教の救済者である地蔵菩薩を表現したもので、人々が抱えるあらゆる苦悩をとり除いてくれると信じられている。旅人や妊婦の守護聖人であり、死亡した子供を地獄の鬼から守る。坊主頭でわらじをはいた僧の姿で、その顔にはかすかに笑いをたたえている。左手には願いをかなえる神秘的な宝の珠（宝珠）を、右手には6個の金属環がついた杖（錫杖）を持つ。巡礼者たちは、生き物たちがその音を聞き脇によけて傷つかないよう、道中、この杖を鳴らして歩いた。

　近隣の人たちが地蔵の首や肩によだれかけのようなものをかけたり、頭に毛糸の帽子やずきんをかぶせたりすることがよくある。

Chapitre 2

街の風景

Au fil des rues

Koban　交番

Koban est le nom couramment donné aux petits postes de police qui servent d'antennes locales aux postes de district. Leurs effectifs vont d'un à une dizaine ou plus de policiers *(omawarisan)*, qui sont régulièrement relevés. Il s'agit généralement de petites structures à un étage, dont certaines ont une architecture étonnamment moderne. Au rez-de-chaussée se trouve un bureau avec des cartes locales accrochées au mur et, à l'étage, un espace pour dormir. Les petits bâtiments situés à l'avant des postes de police locaux, surtout dans les régions rurales, reçoivent le nom de *chuzaisho*, plutôt que koban.

街
の
風
景

　交番とは、大規模な区域警察署の地元の出張所として配置された小規模な派出所の呼び名である。場所によって1人から10数人あまりの警察官（おまわりさん）が配属され、交替で勤務している。ふつうは2階建ての小さな建物だが、中にはモダンなデザインで人目をひく交番もある。正面に近隣の地図を壁にはった執務室があり、2階は宿泊所となっている。地方に見かけることが多いが、地元のおまわりさんの自宅前に建てられた交番は、交番というより駐在所として知られている。

Maneki-neko 招き猫

Les *maneki-neko* (chats appelant de la patte) décoratifs sont devenus des porte-bonheurs populaires à partir du milieu de l'époque d'Edo. En argile, en porcelaine, en papier mâché, en bois ou en plastique, ils sont censés apporter la prospérité aux boutiques et aux restaurants. On les trouve également souvent dans l'entrée des maisons *(genkan)* en signe de bienvenue. Le chat agite la patte à la manière japonaise (paume tournée vers l'avant). Ceux dont la patte droite est levée attirent la chance dans les affaires commerciales ; ceux qui lèvent la patte gauche accueillent les clients ou les invités.

街の風景

　招き猫は、江戸時代中期から開運のお守りとして人気がある。粘土、磁器、張り子、木、プラスチックなど材質はさまざまだが、商店やレストランに商売繁盛を招くと信じられている。訪問客を歓迎するしるしとして、一般家庭の玄関に置いてあることも多い。猫は、前脚の内側を外へ向けて手招きをする日本式のポーズをとる。右の前脚をあげている招き猫は金運を、左の前脚をあげている招き猫は客を招くとされている。

Noren のれん

Les *noren* sont des rideaux en tissu fendus, que l'on trouve à l'entrée des restaurants, des boutiques et des bains publics de style traditionnel. Il s'agissait à l'origine de bandes de tissu qui fournissaient de l'ombre et empêchaient la poussière de la rue de franchir la porte, comme les rideaux utilisés dans les temples. Le nom de l'établissement *(yago)* et parfois l'emblème familial *(mon)* sont imprimés sur le noren, ce qui en faisait dans le passé l'équivalent des enseignes *(kanban)* aujourd'hui apposées sur les établissements commerciaux. Quand le noren est suspendu à l'extérieur du bâtiment, cela signifie que l'endroit est ouvert. La coutume veut que l'on accroche des noren avec les noms des acteurs à l'entrée des loges dans les théâtres.

街の風景

　のれんとは、布製のカーテンを縦に裂いたようなもので、今でも和風の飲食店や商店、銭湯などの入り口に掲げられている。寺で使われていた垂れ幕のように、日除けやほこり除けに用いた1枚の布から始まった。ふつう、店の称号（屋号）や家の紋章（紋）が印刷されており、のれんは、その昔、現在の商業ビルの看板に相当するものだった。外にのれんがかかっているときは営業中のしるし。役者の名前が入ったのれんを劇場の楽屋の入り口にかけるのも伝統の1つだ。

街
の
風
景

Nawa-noren 縄のれん

Il existe plusieurs mots pour désigner les établissements où l'on peut boire un verre ou se restaurer simplement, tels qu'*izakaya* (rester + magasin de boissons alcoolisées ; c'est-à-dire boire un verre dans un magasin de boissons alcoolisées), *akachochin* (lanternes rouges) et *nomiya* (lieu pour boire). Un autre terme, qu'on entend moins souvent de nos jours, est *nawa-noren*, du nom d'un type particulier de noren, constitué de nombreuses cordes de paille suspendues au-dessus de l'entrée. L'expression *nawa-noren o kuguru* (passer sous les cordes de paille) était jadis une façon courante de dire qu'on allait manger ou boire quelque chose de pas cher.

気軽に立ち寄れる飲食店には、居酒屋（「居る」＋「酒屋」、すなわち酒屋で飲むこと）、赤ちょうちん（赤い提灯）、飲み屋（飲むところ）など、いくつかの呼び名がある。最近はあまり耳にしないが、縄のれんもその呼び名の1つで、たくさんの縄ひもでつくった独特ののれんが店の入り口にかかっていることからその名がついた。「縄のれんをくぐる」という言い回しは、安い店に飲み食いに行くときによく使われていた。

Chochin 提灯

Les *chochin* sont des lanternes de papier réservées à un usage extérieur, qui peuvent être suspendues aux avant-toits ou portées. On en voit encore de tailles et de couleurs très diverses à travers tout le Japon, où elles ont de multiples fonctions, même si aujourd'hui elles contiennent une ampoule électrique plutôt que la traditionnelle chandelle. Elles sont généralement faites de papier résistant attaché à des cerceaux de bambou pliants. De nombreux chochin, en particulier des rouges *(akachochin)*, sont accrochés à la devanture des restaurants et des débits de boisson pour indiquer le nom de l'établissement ou ce qu'il sert. Les chochin blancs et jaunes sont fréquents dans les sanctuaires et les temples et, dans les festivals, ils portent les noms des sponsors.

提灯とは屋外で使用する紙製の手さげランプのことで、軒下にぶら下げたり携行したりすることができる。色やサイズはさまざまで、今でも各地で多種多様な目的に使用されている。しかし、近年は、光源に昔からのろうそくの代わりに電球を使うのが一般的である。通常、折りたためる輪状の竹ひごに丈夫な和紙を貼り付けてつくる。とくに赤色をした提灯（赤ちょうちん）など、店名や食べ物を知らせる目的でレストランや飲み屋の外につるされている提灯は多い。神社や寺でしばしば見かける白や黄色の提灯は、祭りのときは後援者の名前が入ることもある。

Shokuhin sanpuru 食品サンプル

De nombreux restaurants exposent dans leur vitrine des reproductions des divers plats et boissons qu'ils proposent, ainsi que leur prix. C'est le cas en particulier des restaurants situés dans les étages des grands magasins, où est née l'idée. Une belle présentation attire les clients et, si vous n'êtes pas capable de lire le menu, vous pouvez sortir et montrer du doigt une reproduction !

Les imitations peintes à la main sont appelées *shokuhin sanpuru* (échantillon de nourriture). Ce concept pratique fut développé à Tokyo au début du XXe siècle, à un moment où des plats inhabituels venus d'outre-mer faisaient leur apparition. Les shokuhin sanpuru étaient autrefois en cire mais, aujourd'hui, on commence par faire un modèle en silicone à partir de vrais plats, puis on le reproduit à l'aide de vinyle liquide.

街
の
風
景

　メニューにある料理や飲み物を、その本物そっくりの模型に値段も添えてショーウインドーに陳列してあるレストランは多い。とりわけあてはまるのがこのアイデアの発祥地とされるデパートのレストラン階だ。素晴らしいディスプレーは客の目を奪い、たとえメニューが読めなくても、ショーウインドーの所に行ってその模型を指さすだけで用が足りる！
　この手塗りの模型は食品サンプルと呼ばれる。気の利いたこのアイデアは、海外からなじみの薄い料理が入り始めた20世紀初めの東京で始まった。かつてはろうで作っていたが、現在は実物の食品からシリコンで型をとり、ビニール樹脂でつくっている。

Daruma　だるま

On peut voir dans tout le Japon des poupées *daruma* sans jambes, sans bras ni cou, en bois, en plastique, en pierre ou en papier mâché par-dessus une structure de bambou. Elles ont souvent une base arrondie, lestée, grâce à laquelle elles se redressent toutes seules quand on les renverse, symbolisant un esprit qui n'abandonne jamais. Leur nom vient du prêtre bouddhiste indien Bodhidharma, qui s'est rendu en Chine au VIe siècle et est considéré comme le fondateur du bouddhisme zen. On dit de lui qu'il a médité face à un mur pendant neuf années, jusqu'à en perdre l'usage de ses jambes, et qu'il s'est coupé les paupières de manière à ne jamais s'assoupir. La couleur habituellement rouge des poupées daruma vient de la robe des prêtres indiens.

街
の
風
景

　脚、腕、首のないだるまは、木やプラスチックや石、または竹枠を用いた張り子でつくる人形で、日本各地で目にすることができる。多くは、底が重くて丸い形をしているので倒しても必ず起き上がることから、不屈の精神を表している。名前の由来はインドの禅僧、菩提達磨。禅宗の開祖といわれ、6世紀に中国を旅した人物だ。彼は9年もの間、脚を動かせなくなるまで壁に向かって瞑想を続け、決して居眠りをしないように、まぶたを切り落としたそうだ。広く知られただるまの赤色はインドの僧侶が着ていた服の色である。

Kokeshi こけし

Les *kokeshi* sont un type unique de poupées de bois cylindriques avec une tête ronde, mais ni jambes ni bras. Leur fabrication s'est développée en tant qu'activité hivernale des sculpteurs sur bois et des fermiers dans la région du Tokohu (nord du Japon) au XIXᵉ siècle. Les poupées traditionnelles ont des visages peints à la main et sont ornées de motifs floraux semblables à ceux des kimonos ; elles sont essentiellement de couleur rouge, avec des cheveux noirs et des traits du visage schématiques, bien que certaines soient peintes entièrement en noir. La tête est souvent démontable ; la préfecture de Miyagi a une spécialité de poupées qui poussent un petit cri charmant quand on fait tourner leur tête. Les kokeshi sont sculptés dans différents types de bois ayant un beau fil, celui de cerisier *(sakura)* étant l'un des plus appréciés. Elles prennent une belle patine avec le temps et doivent être frottées occasionnellement avec une serviette *(tenugui)* en coton moelleux. On retrouve la forme des kokeshi dans des porte-cure-dents, des crayons, des gommes et des sangles de téléphone mobile.

　こけしは独特な円筒形の木製人形で、球体の頭部があり、腕と脚がない。こけし彫りは、19世紀の北日本の東北地方で、木彫師や農民たちの間で冬の間の活動として広まったものだ。伝統的なこけしは手描きの顔と花柄の着物姿で、着物の多くは赤で描かれ、黒い髪の毛に、素朴な顔立ちをしている。中には黒一色で彩色されたものもある。頭部はしばしばとりはずしができる。宮城県でつくられた

こけしには、頭部を回すとキュッキュッと音が鳴る仕掛けのものがある。こけしは木目の美しいさまざまな種類の木でつくられる。中でも桜の木は人気が高い。長い年月を経ると表面に美しいつやが出るこけしは、ときおり、やわらかい木綿の日本手ぬぐいで磨くとよい。こけしをかたどった装飾品も多く、つま楊枝入れや鉛筆、消しゴム、携帯ストラップなどがある。

Maiko 舞妓

Les *maiko* sont des jeunes femmes, généralement de moins de vingt ans, qui divertissent les invités dans des soirées privées à Kyoto, en jouant de la musique traditionnelle, en dansant et chantant, en versant à boire et en jouant à divers jeux. On les reconnaît aisément à leur apparence particulière : kimonos colorés avec des motifs saisonniers, longues ceintures tombantes, épingles à cheveux (*kanzashi*) sophistiquées et sandales à semelles compensées rappelant des sabots. Elles se maquillent également de la façon traditionnelle : du rouge et du noir sur un fond blanc, tel un masque. Elles suivent en réalité un apprentissage rigoureux pour devenir *geiko*, le terme utilisé à Kyoto pour désigner les geishas. Aujourd'hui, beaucoup de femmes visitant l'ancienne capitale, qu'elles soient japonaises ou étrangères, prennent plaisir à s'habiller en geiko pour le temps d'une journée.

舞妓は一般に10代後半の若い女性で、京都で催される個人的な宴会で伝統的な音楽を演奏したり、踊りや唄を披露したり、酒をついだり、ゲームに興じるなど、宴会客の接待を仕事とする芸人である。季節の柄が入った色鮮やかな着物、だらりの帯、意匠を凝らした髪飾り（かんざし）、そしてぽっくり下駄という特徴のある装いによって、舞妓であることはすぐに見分けがつく。白塗りの下地に赤と黒の色を使った面のような化粧もまた伝統的である。京都では芸者のことを芸妓と呼ぶが、舞妓はその芸妓になるまでの厳格な修行中にある見習い段階の者をいう。最近は、日本人、外国人を問わず、京都を訪れる観光客でにわか舞妓の扮装を楽しむ女性が多い。

Chapitre 3

冠婚葬祭

Cérémonies et objets rituels

Shinzen-kekkonshiki 神前結婚式

Beaucoup de Japonais font le choix pour leur mariage d'une cérémonie Shintô traditionnelle appelée *Shinzen-kekkonshiki*, à laquelle assistent un prêtre *(kannushi)*, des employées du sanctuaire *(miko)*, les membres de la famille proche et des amis intimes. Les futurs époux sont vêtus de kimonos de mariage conventionnels *(kekkon-isho)*. Le marié *(hanamuko)* porte un kimono et un pantalon fendu *(hakama)* gris, ainsi qu'une longue et ample veste noire *(haori)* avec son emblème familial *(mon)*. Lors de la cérémonie officielle, la mariée *(hanayome)* porte un long sur-kimono *(uchikake)* par-dessus un kimono de mariage blanc *(shiromuku)*. Le blanc est traditionnellement la couleur de la mort au Japon, aussi symbolise-t-il à la fois la mort des liens naturels de la mariée avec ses parents et son désir de teindre ses vêtements de la couleur de sa nouvelle famille. Elle peut passer un kimono coloré *(iro-uchikake)* juste avant la réception, afin de montrer qu'elle appartient désormais à la famille de son époux, puis le troquer contre une robe occidentale au cours de la fête, juste pour être à la mode !

大多数の日本人は伝統的な神道にのっとった神前結婚式を挙げる。神主や巫女、近親者や友人が列席する。新郎新婦は正式な結婚式用の着物（結婚衣装）を身につける。花婿は家の紋章（紋）の入った紋付羽織袴を着る。花嫁は、式の間は白い着物（白無垢）の上に身丈の長い上着（打ち掛け）を羽織る。日本では、昔から白は死を象徴する色とされており、白い衣装は花嫁の実家との生来のつながりを絶つことと、その白い衣装を嫁ぎ先の色に染めるという意志の両方を象徴する。

披露宴が始まる前に花嫁はあざやかな色打ち掛けに着替えることがある。これは
夫の家の一員となったしるしを表す。そして披露宴の途中で再び西洋風のドレス
に着替えることもあるが、これは単におしゃれのためだ！

Tsuno-kakushi 角隠し

La chevelure d'une mariée est arrangée dans un style traditionnel appelé *bunkin-takashimada*, avec diverses épingles ornementales. Au lieu d'un voile, à la manière occidentale, deux solutions sont possibles pour couvrir ses cheveux. La première est une large bande blanche nommée *tsuno-kakushi* (cache-cornes), qui est censée dissimuler les « cornes » et indiquer l'obéissance de la femme à son mari, même si la plupart des mariées aujourd'hui n'ont probablement pas ce symbolisme en tête ! Le tsuno-kakushi est souvent porté également au début de la réception qui suit le mariage. L'autre couvre-chef est une sorte de grand bonnet de soie blanche appelé *wataboshi*, dont la forme est destinée à ce que seul le marié puisse bien voir le visage de son épouse. Celui-ci est généralement ôté avant la réception.

　花嫁の髪は、さまざまな飾りのかんざしを使って伝統的な文金高島田に整えられる。西洋式のベールの代わりに髪を覆うものとして2通りある。1つは角隠しと呼ばれる大きな白い帯状の布で、女性の「角」を隠し夫への従順さを表すものとされるが、おそらく今日の花嫁たちはほとんどがそんな象徴的意味合いなど考えもしないだろう！角隠しは披露宴の開始時にかぶることも多い。もう1つは綿帽子と呼ばれる大きな白い絹のボンネットのようなもので、花嫁の顔が花婿だけに見えるようになっている。これは披露宴が始まる前にはずすのがふつうだ。

Shio 塩

Au Japon, le sel est souvent considéré comme l'élément purificateur par excellence ; il est censé être efficace pour apporter l'harmonie, écarter les mauvais esprits et générer la force. Il est utilisé dans de nombreux rites Shintô. Un exemple en est le sel jeté par les lutteurs de sumo avant chaque combat, afin de se purifier eux-mêmes ainsi que le ring (*dohyo*). On saupoudre également du sel sur le terrain vide lors de la cérémonie précédant l'édification d'un bâtiment (*jichinsai*), dans le but de pacifier le dieu du sol. Un autre exemple nous est fourni par les *morijio*, de petits amas coniques de sel posés sur des soucoupes d'un ou des deux côtés de l'entrée d'une maison, pour purifier tous ceux qui franchissent le seuil. Aujourd'hui, il arrive qu'on voie de tels petits tas devant les restaurants.

冠婚葬祭

日本では、塩はお清めに欠かせない大切な要素である。塩はバランスをもたらし、悪霊を追い払い、力を生み出すと信じられている。神道の儀式には頻繁に登場する。力士が取組前に塩をまくのも、自分自身と土俵を清めるためだ。地鎮祭の鍬入れ式でも、土地の神を鎮めるため、更地に塩をまく。そのほかの例として、盛り塩がある。家の入り口の片側あるいは両側に、皿に小さく円すい形に盛った塩を置き、その家に入る人たちを清めるというものである。飲食店の外に同じように盛られた塩を目にすることもある。

Juzu 数珠

Un *juzu* est un chapelet bouddhique que les fidèles tiennent à la main pour compter, tandis qu'ils récitent la prière *Namu-amidabutsu*, ou portent autour du cou. Un chapelet complet comprend 108 perles *(honren-juzu* ou *nirin-juzu)*, représentant les 108 désirs terrestres qui devraient être évités. Il existe des versions plus courtes avec 54, 42, 27, 21 ou 14 perles, et d'autres plus longues pouvant avoir jusqu'à 1 080 perles. Celles-ci sont généralement en bois de santal, en coques de fruits ou en quartz, et peuvent avoir différentes tailles. La manière dont elles sont maintenues ensemble varie selon les écoles. Beaucoup de personnes portent un petit juzu quand elles se rendent sur une tombe ou à des funérailles bouddhistes *(soshiki)*, ou à un service commémoratif *(hoji)*. Kyoto est le principal centre de production de juzu.

　数珠（数え珠）は仏教徒にとってのロザリオである。信者は、「南無阿弥陀仏」を繰り返し唱える間、その回数を数えるために数珠を手にかけて持つ、あるいは首にかける。正式の数珠には珠が108ある（本連数珠、または二輪数珠）。これはこの世のはらうべき108つの煩悩を表している。54、42、27、21、あるいは14珠しかない短めの数珠や、数の多いものもあり、最長のものは1,080珠もある。珠はふつう白檀、木の実、水晶などでできており、サイズはさまざまである。数珠の房は、煩悩を持つ私たち人間を表している。珠のつなぎ方は宗派によって異なる。墓参りに行くときや仏式の葬式や法事に出席するときは、小さな数珠を持参する人が多い。数珠の主たる生産地は京都である。

冠婚葬祭

Mokugyo 木魚

Un *mokugyo* (poisson de bois) est un instrument à percussion de forme arrondie, utilisé pour le chant des soutras bouddhiques, aussi bien dans les temples que dans les domiciles privés. Frappé en rythme, il produit un son plutôt doux. Sculpté dans une seule pièce de bois, souvent du camphrier, il est généralement posé sur un petit coussin et présente l'aspect d'un gros poisson. Avec sa fente sur un côté représentant la bouche de l'animal et son habituel décor gravé d'écailles, le mokugyo est lié historiquement au poisson de bois suspendu qu'on frappe à l'heure des repas dans les temples zen. Il est muni également, sur le côté opposé à la bouche, d'une poignée arrondie, qui porte parfois un décor sculpté sophistiqué ; certaines poignées représentent des dragons tenant un joyau sacré. L'extrémité de la mailloche de bois est enveloppée de tissu, de caoutchouc ou de cuir. Certains mokugyo ressemblent à un crâne humain.

「木の魚」を意味する木魚は、寺や家庭でお経を上げるときに使う、丸みのある木製の鼓のことである。どらのようにリズミカルにたたくとやわらかい感じの音がする。たいていはクスノキだが1本の木をくりぬいてつくられ、小さな座布団状のクッションの上に置く。木魚はまるまると肥えた魚の形をしている。一方の端に魚の口を表すスリットがあり、うろこを彫りつけてあることが多く、禅寺で食事の合図に使用された魚の形をした木製のどらと歴史的に関係がある。もう一方の端には丸みのある持ち手があり、ここにも手の込んだ彫刻が施されていることがある。たとえば宝珠を持った龍の姿を刻んだ持ち手もある。木魚をたたくバチの先端は布やゴム、皮革などの当て物が施されている。見ようによっては人間の頭がい骨に似ている木魚もある。

Mizuhiki 水引

Le Japon est riche d'une longue tradition dans l'art d'emballer les cadeaux de manière aussi minutieuse qu'esthétique. Cet art se veut une manifestation de respect ; il reflète également la coutume de ne pas ouvrir un cadeau en présence de celui qui l'offre. Les cadeaux officiels sont enveloppés dans une feuille de papier blanc de grande qualité, appelé *hoshogami*, puis attachés avec des *mizuhiki* et ornés d'un *noshi*. Les mizuhiki sont des cordelettes rigides en papier de pulpe de mûrier, qui a été trempé dans de l'eau utilisée pour rincer du riz et a durci. Ils dessinent parfois le schéma complexe de créatures porte-bonheur, telles des grues ou des tortues, pour accompagner les cadeaux de fiançailles échangés par les familles avant un mariage.

　日本には贈り物をていねいに、かつ美しく包む伝統がある。これは相手に対する敬意を表すと同時に、もらった物をその場で開けない習慣を反映している。正式な贈り物は奉書紙と呼ばれる白い高級紙で包み、水引と呼ばれるひもで縛り、のしで飾る。水引は、米のとぎ汁に浸して丈夫にしたクワの木のパルプ紙からできた固いひもである。鶴や亀など、縁起のいい動物を複雑なデザインに結んだ水引は、結納をとり交わすときの贈り物などに使われる。

Noshi のし

Un *noshi* (abréviation de *noshiawabi*, ormeau allongé) est une décoration porte-bonheur ajoutée à l'enveloppe spécifique pour les dons d'argent faits à l'occasion des mariages ou des funérailles *(noshibukuro)*, ou encore à l'emballage de papier blanc renfermant un cadeau. Toujours placé dans le coin supérieur droit, il consiste à l'origine en une enveloppe de papier rouge et blanc plié contenant un bout d'ormeau *(awabi)* séché. Aujourd'hui, ce dernier est souvent remplacé par un morceau de papier jaune, ou encore le noshi est imprimé sur le papier cadeau ou l'enveloppe *(noshigami)*. Le noshigami porte souvent un message, tel que *Go-kekkon iwai* (Félicitations pour votre mariage) mais, si vous en désirez un sans message, vous pouvez demander un *muji-noshi*.

のしは、のしあわびの略で、結婚式や葬式などの祝儀や香典を包む特殊な封筒（のし袋）や贈り物にかぶせるのし紙に添える縁起のよい装飾品である。必ず右上のすみに置くのしは、もともとは干したあわびの細片を薄く伸ばした（のした）もので、折りたたんだ紅白の紙に包まれていた。近ごろは、一般に黄色い紙片を代用したり、あるいは、最初からのしが印刷されたのし紙や封筒もある。「ご結婚祝い」など祝いの言葉が印刷されているのし紙がよくあるが、表書きが不要な場合は「無地のし」を頼めばよい。

冠婚葬祭

Chapitre 4

遊 び

Jeux

Shogi 将棋

Les deux principaux jeux de plateau japonais sont le *shogi* et l'*igo* (souvent appelé simplement *go*). Tous les deux se jouent à deux et sont très populaires, en particulier chez les hommes.

Le shogi ressemble beaucoup aux échecs, le but étant de mettre mat le roi *(osho)* de l'adversaire. Chaque joueur dispose au départ de vingt pièces présentant cinq côtés et d'aspect pointu, sur lesquelles sont inscrits des noms en caractères kanjis. Ce sont les équivalents des tours, des fous, des chevaliers et des pions, mais il n'y a pas de reine. Les deux différences majeures avec les échecs sont qu'il est possible d'utiliser les pièces capturées et de changer la force des pièces dès lors que celles-ci sont en territoire ennemi. Le plateau porte 81 carrés (9 X 9).

盤を使った日本の2大ゲームは将棋と囲碁（単に「碁」と呼ばれることが多い）だ。どちらも2人で対戦するもので、広く普及している。とくに男性に愛好者が多い。

将棋はチェスによく似たゲームで、対戦相手の王（王将）を詰めていくのがねらいである。対戦者それぞれが、すべて漢字で名前が書いてある五角形の駒20個を並べて試合を始める。チェスのルーク、ビショップ、ナイト、ポーンに相当する駒があるが、クイーンはない。チェスとの大きな違いは、とった駒を自分のものとして使える点と、敵陣に飛び込むと駒の威力を変えられるという2点だ。盤には縦横9マス、計81のマスがある。

Go 碁

Le jeu de *go* s'est développé à partir du jeu chinois de *wei-chi* autour du vɪᵉ siècle. Considéré par beaucoup comme un art, il se joue avec des pierres *(ishi)* noires et blanches de forme circulaire. Il y a 181 pierres noires, les « corbeaux », faites d'une sorte d'ardoise (pour le joueur qui commence), et 180 pierres blanches, les « hérons », traditionnellement des coquillages. Elles sont conservées dans des pots de bois ronds appelés *goke*, *goki* ou *gotsubo*. Sur le plateau de bois traditionnel *(goban)* est tracé à la laque noire un quadrillage créant 361 (19 X 19) points d'intersection *(me* ou *moku)*, sur lesquels les joueurs placent leurs pierres tour à tour. Le but est de gagner du territoire et de capturer les pierres de l'adversaire en les encerclant. On dit qu'il y a plus de coups possibles à ce jeu que d'atomes dans tout l'univers !

古来からの遊びである碁は、6世紀ごろに中国のWei-chiというゲームから発達した。碁はアートだとみなす人が多く、ゲームは円盤状の黒と白の石を使って行われる。ある種のスレートからつくられる黒の石「カラス」は181個あり、先手をとるプレイヤーが使う。白い石「鷺」は180個ある。昔から、白い石は貝殻からつくられる。石は碁笥、碁器あるいは碁壺と呼ばれる木製の丸い容器に入れておく。伝統的な木製の碁盤は、盤上に黒い漆で網の目のように線が引かれており、19×19の361目（「め」または「もく」）の交点がある。対局者はこの目に交互に石を置いていく。自分の陣地を確保し、相手の石を囲んで獲得していくのがねらいである。可能な打ち方は宇宙に存在するすべての原子の数よりも多い、と言われている。

Hanetsuki 羽根つき

À une certaine époque, le jour de l'an, il était courant d'entendre dans les rues le « poc-poc » d'un volant *(hane)* frappé par des raquettes de bois *(hagoita)*, un peu comme au badminton. Cependant, il n'y avait pas de filet ; le jeu consistait simplement à maintenir le volant dans les airs. Surtout pratiqué par des jeunes filles en kimono, on l'appelait *hanetsuki*. De nos jours, toutefois, il est rare d'entendre ce son parce que la plupart des enfants sont davantage intéressés par les poursuites des jeux vidéo, et qu'il est devenu plus dangereux pour eux de jouer dans la rue. Les *hagoita* restent néanmoins populaires sous la forme d'objets décoratifs porte-bonheurs destinés à être exposés *(kazari-hagoita)*, notamment le jour de l'an, avec des illustrations à thème représentant des sportifs célèbres, des hommes politiques, des acteurs, des stars de la télévision et des personnages de manga ou de dessin animé.

かつて元旦の往来でよく耳にした音は、木製の羽子板で羽根をたたく「コーンコーン」という音だった。その遊びはバドミントンに似ていた。もっともネットは使わず、単に羽根が宙に浮いた状態をどれだけ長く維持できるかという発想である。たいていは着物を着た女の子たちが遊んでいたもので、羽根つきと呼ばれる。しかし今ではその音を聞くことはめったにない。というのも、ほとんどの子供たちはテレビゲームなどの最新の遊びに興味が向いているし、また往来で遊ぶことが危険になったからでもある。羽子板は幸運を呼ぶ装飾品（飾り羽子板）として今でも高い人気を維持している。とりわけお正月になると、人気のスポーツ選手、政治家、俳優、タレント、漫画やアニメのキャラクターなどを取り上げた話題性のあるデザインが見られる。

Koma コマ

Les toupies *(koma)* tournoient au Japon depuis plus d'un millénaire. Des toupies de bois exhumées de ruines du VIIIe siècle montrent qu'elles sont venues de Chine et de Corée avant même l'époque de Nara. Faites de bois, de bambou, de métal ou de plastique, elles présentent différentes tailles et formes : certaines sont munies d'une tige permettant de les faire tourner avec les doigts, d'autres sont actionnées à l'aide de cordes ; il y en a même qui émettent un plaisant bourdonnement. L'usage des toupies est associé aux fêtes du nouvel an depuis la fin du XIXe siècle.

　日本には千年をはるかに超える昔から、コマを回す風景があった。8世紀の遺跡から木製のコマが発掘されたことから、コマは奈良時代までに中国や朝鮮から日本に入ってきたことがわかる。木製のものもあれば竹製、金属製、プラスチック製など種類も豊富で、コマの形やサイズはさまざまだ。上に棒が突き出ている形のものは指で回すが、ほかの形のものはひもを使って回す。回すとブンブンと心地よい音が出るコマもある。コマ回しがお正月の行事になったのは19世紀末ごろだ。

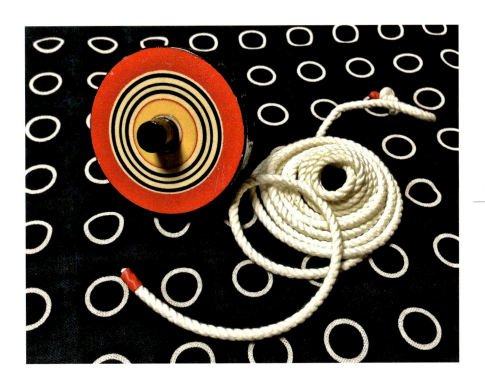

Tako たこ

Le mot japonais pour désigner un cerf-volant est *tako*. Le maniement des cerfs-volants *(tako-age)* fut jadis une activité de plein air très populaire lors des fêtes du nouvel an, bien que ce ne soit plus guère le cas aujourd'hui. Toutefois, de nombreuses personnes aiment encore à en faire voler tout au long de l'année, et de grandes compétitions sont organisées en divers endroits. Les cerfs-volants sont depuis longtemps considérés comme précieux pour leur valeur artistique, et ils constituent de magnifiques souvenirs.

Les cerfs-volants ont une longue histoire au Japon et ils ont été utilisés de différentes manières. À l'origine, ils avaient la signification religieuse d'un lien entre le ciel et la terre. Par la suite, les chefs militaires s'en servirent pour envoyer des messages, et les samouraïs pour annoncer la naissance d'un fils. L'époque d'Edo vit se multiplier leurs formes et motifs : dragons, lions, guerriers, images d'estampes sur bois *(nishiki-e-dako)*, représentations de Daruma, masques, calligraphies, oiseaux et insectes.

kite を意味する日本語はたこである。たこあげもお正月に人気の屋外の遊びであったが、現代ではあまり見られなくなった。しかし今でも1年を通して楽しむ人は多く、各地でたこあげの大きな競技会が開かれている。たこは昔から、その芸術的価値が高く評価されており、非常に魅力的なお土産になる。

日本におけるたこの歴史は古く、いろいろな用途で使われてきた。もともとたこには天と地をつなぐという宗教的な意味があった。のちに、戦で武将が伝令を

出したり、侍が男の子の誕生を知らせるために使われるようになった。江戸時代
には数多くのデザインや形が生まれた。龍、獅子、武士、浮世絵（錦絵だこ）、だる
ま、仮面、筆文字、鳥、昆虫などである。

Sugoroku　すごろく

Le *sugoroku* (le double six) est un jeu de dés et de plateau qui a connu de nombreux changements au cours des siècles, et que l'on a comparé au backgammon, au pachisi, au ludo, au Monopoly et au jeu de l'échelle ! Il existe des plateaux de type ancien *(ban-sugoroku),* ainsi que de nombreux autres utilisant une image en guise de parcours *(e-sugoroku).* Au Shoso-in (Maison du trésor) du temple Todai-ji à Nara, on peut voir un plateau utilisé par le 45ᵉ empereur, Shomu, au VIIIᵉ siècle. C'est un jeu qui est aujourd'hui couramment offert avec les magazines pour enfants ; sur le plateau sont alors représentés des personnalités à la mode ou des personnages de dessin animé.

　すごろく（ダブルシックス）は、さいころとボードを使ったゲームで、何世紀もの間に多くの変化を遂げた。バックギャモンやインドすごろく、ルードー、モノポリー、スネークス・アンド・ラダーズなどと似ているといわれる！古来の盤を使った盤すごろくや数多くの絵のコースを使った絵すごろくがある。奈良の東大寺にある正倉院の宝庫では、8世紀に在位した第45代聖武天皇が使った盤を見ることができる。近ごろは、話題の有名人や漫画のキャラクターを描いたすごろくが、子供向けの雑誌のふろくになることが多い。

Karuta　かるた

Le terme *karuta* (du portugais *carta*) fait référence à diverses sortes de cartes portant des images, des nombres ou des calligraphies et qui sont utilisées pour différents jeux, en particulier au nouvel an. Il existe aujourd'hui de nombreux jeux destinés à aider les enfants à apprendre le japonais ou les langues étrangères.

Les jeux de carte (appelés aujourd'hui *toranpu*) furent introduits au Japon par les navigateurs portugais de passage à Nagasaki au XVIᵉ siècle. Longtemps avant, cependant, les nobles japonais s'adonnaient à des jeux dans lesquels il fallait apparier des moitiés de coquillages *(kai-awase)*.

遊
び

かるたという言葉（ポルトガル語の carta に由来する）は、絵や数字、筆文字が描かれた数種類のカードを指し、とくに新年に行われるさまざまなカードゲームに使用される。今日、子どもたちの日本語や英語などの外国語学習に役立つかるたがたくさん出回っている。

カードゲーム（今では「トランプ」と呼ばれている）は、16 世紀に長崎を訪れたポルトガル人の船員によって日本にもたらされた。しかし、それよりずっと前に、日本の貴族は 2 つに割った二枚貝の対を見つける遊びをしていた（貝合わせ）。

Hanafuda 花札

Hanafuda est un jeu de cartes souvent utilisé au nouvel an, connu également sous le nom de *hana-karuta* (cartes fleurs). Il s'est développé à partir d'un jeu hollandais introduit au xvie siècle et d'un ancien jeu japonais consistant à apparier des images de fleurs. Le jeu est constitué de 48 cartes différentes divisées en 12 séries, chacune représentant un mois différent. Les cartes portent des images simples et stylisées (où dominent le rouge, le bleu et le noir), représentant des fleurs, des oiseaux et autres animaux appropriés à chaque saison. Elles sont plus petites et plus épaisses que les cartes à jouer habituelles. De nombreuses règles différentes existent concernant la manière de reconstituer les séries.

正月によく遊ぶカードゲームに花かるたとしても知られる花札がある。花札は16世紀に入ってきたオランダのカードゲームや古代の日本の花絵合わせから発展したものである。ひと組が48枚のカードで、12組に分けられるが、この12組がそれぞれ異なる月を表している。札には、通常は赤と青と黒の3色で、それぞれの季節に合った花や鳥、動物が、力強い様式化された絵で描かれている。札はトランプよりも小さくて厚みがある。そろえる組札についてのルールは多岐にわたる。

Uta-garuta 歌がるた

Au XIIIe siècle, le poète Fujiwara no Teika composa une célèbre anthologie de poèmes de 31 syllabes *(waka)*, intitulée *Ogura Hyakunin-isshu* (100 poèmes de 100 poètes). À l'époque d'Edo fut développé un jeu utilisant ces poèmes, appelé *uta-garuta* (cartes-poèmes). Celui-ci devint un jeu de société populaire, joué encore aujourd'hui dans de nombreuses familles, en particulier au nouvel an. Les cartes, en carton, se répartissent en deux séries : 100 *yomi-fuda* (cartes « à lire ») contenant chacune un poème entier, et 100 *tori-fuda* (cartes « à saisir »), ne comportant que les 14 dernières syllabes des poèmes. Tandis qu'un poème est lu à haute voix, les joueurs doivent saisir le *tori-fuda* correspondant parmi l'ensemble des cartes étalées sur le sol. Ce jeu très dynamique est particulièrement apprécié par les femmes. Il existe une association officielle et des compétitions *(kyogi-karuta)* sont montrées à la télévision chaque année, au mois de janvier.

13世紀、歌人の藤原定家が31音節からなるすばらしい和歌を100首集めて有名な「百人一首」という名の歌集をつくった。江戸時代にはこの百人一首の上の句と下の句を合わせる歌がるたと呼ばれる遊びが広がった。この遊びはやがてお正月の居間で行うゲームになり、今日でも多くの家庭で楽しまれている。百人一首は、厚紙でつくられた札を2セット使う。すべての和歌が書かれた100枚の読み札と、それぞれの歌の最後の14音節だけが書かれている100枚の取り札である。競技者は、歌が高々と読み上げられると、床に並べられた札からその歌にマッ

チする取り札をつかみ取らなければならない。この驚くほどにダイナミックな
ゲームはとりわけ女性の間で人気がある。公式な協会があり、毎年1月にはテレ
ビで競技かるたという大会のもようが放映される。

Chapitre 5

伝統芸能・美術

Aspects de la vie traditionnelle

Men　面

Les masques *(men)* occupent une grande place dans la culture japonaise, que ce soit au théâtre, dans les festivals, les rituels, les danses folkloriques ou les jeux de rôles pour les enfants. Ils sont faits de bois, de métal, de papier mâché et de plastique. Parmi les masques comiques utilisés dans les danses Shinto appelées *kagura*, on trouve *otafuku*, la déesse du rire aux joues rebondies, et *hyottoko*, un homme d'allure stupide qui fait la moue. Il existe également des masques représentant diverses sortes de démons, tels les *tengu* (lutins au long nez) et les *oni* (ogres) qui apparaissent lors de la fête de *Setsubun* (« lancer de haricots »), le 3 février. Les masques de personnages de mangas et de dessins animés sont très populaires chez les enfants.

伝統芸能・美術

　舞台演劇、祭り、儀式、民族舞踊、そして子供のごっこ遊びといった日本文化の中で主要な役割を持つ面は、木や金属、張り子、プラスチックなどでつくられる。神道の舞踊である神楽で使用されるユーモラスな面には、ふくらんだほおをした陽気の女神おたふくと、唇をすぼめてとがらせたこっけいな男ひょっとこがある。また、天狗（鼻の長い鬼）や2月3日の節分祭りの豆まきに登場する鬼など、さまざまな種類の鬼の面がある。マンガやアニメのキャラクターの面は子供たちに大人気だ。

Nô　能

Les masques ont une très grande importance dans le *nô*, l'art dramatique ancien combinant musique, chant et chorégraphie dans lequel les acteurs endossent le rôle de personnages historiques, de prêtres, de démons et de fantômes. L'interprète principal, le *shite*, porte souvent un masque en bois. Chaque masque est légèrement différent des autres et les acteurs de nô savent exprimer une grande variété d'émotions à travers de subtils mouvements de la tête. Les masques les plus courants comprennent notamment *ko-omote*, une jeune femme, et *hannya*, un démon femelle avec des cormes. Les trous pour les yeux sont tout petits, aussi les acteurs doivent-ils se déplacer sur la scène avec beaucoup de précaution, en se repérant aux piliers de bois afin de connaître leur position.

伝統芸能・美術

能では面が非常に重要な役割を果たす。能は囃子と謡、舞からなる伝統芸能である。役者たちが演じるのは歴史上の人物や僧侶、鬼、幽霊などだ。シテと呼ばれる主役は、舞台では木製の面をつけることが多い。どの面にも微妙な違いがあり、能の演者はかすかな頭の動きで非常に多彩な感情を演じ分けることができる。最も一般的な能面には、若い女性の面である小面と、角のはえた女の鬼を表す般若がある。面ののぞき穴は非常に小さく視界が限られるので、演者は柱の位置を確認しながら十分に注意して舞台上を動かなければならない。

Kyogen　狂言

Les masques apparaissent également dans environ 50 des 260 courtes pièces comiques *(kyogen)* du répertoire classique, qui étaient à l'origine jouées entre les très sérieux drames du nô, mais sont aujourd'hui souvent représentées seules. Ils sont utilisés pour les animaux, y compris les renards et les *tanuki*, et les êtres surnaturels tels que les dieux et les démons. Les fils des acteurs de kyogen célèbres font généralement leur dur apprentissage de la scène, à un très jeune âge, déguisés en singes avec un masque.

伝統芸能・美術

　狂言の古典的レパートリー260作品の内およそ50作品の中にも面が登場する。狂言は、内容が非常にシリアスな芸能である能の合間に伝統的に演じられた短い喜劇であるが、近年は独立して演じられることが多い。キツネやタヌキなどの動物や神や鬼などの超自然的存在を演じるときに面を使う。名高い狂言役者の息子たちはたいてい幼少期に、猿の衣装に猿の面をかぶり過酷な初舞台を踏む。

Bunraku 文楽

Vieux de quatre siècles, le théâtre *bunraku* est une combinaison unique de *joruri* (histoires racontées avec un accompagnement musical) et de marionnettes qui jouent l'histoire en silence. Les personnages principaux sont actionnés par trois marionnettistes. La tête de bois sculptée *(kashira)* actionnée par le marionnettiste en chef *(omozukai)* est la partie la plus importante et la plus expressive de chaque marionnette. Certaines ont une bouche, des yeux et des sourcils mobiles. On dénombre environ 70 types de kashira, incluant des personnages secondaires dont les visages ressemblent aux masques japonais traditionnels.

伝統芸能・美術

　400年の歴史を持つ文楽は、音楽を伴って語る物語の浄瑠璃と物語を言葉を発することなく演じる人形で構成されるユニークな演芸である。主役級の登場人物は三人の人形遣いで操る。彫刻を施した木製の頭部（かしら）は、主遣いと呼ばれるシンとなる人形遣いによって操作され、各人形の表情が現われる最も重要な部分だ。中には、口や目や眉が動くかしらもある。かしらは、伝統的な日本の面に似た顔をした端役の登場人物を含め、およそ70種ある。

Ukiyo-e 浮世絵

Le genre artistique dénommé *ukiyo-e* (images du monde flottant) comprend à la fois des peintures et des estampes sur bois, très prisées de nos jours par les collectionneurs du monde entier. Représentant des acteurs célèbres, des lutteurs de sumo, des courtisanes, des légendes, des scènes de la vie quotidienne ou des lieux réputés, les estampes remplissaient à une époque les diverses fonctions qu'ont aujourd'hui les cartes postales, les posters, les images de pin-up et les illustrations dans les livres. Il existait également de nombreuses estampes érotiques *(shunga)*, destinées à la fois à divertir et à éduquer. L'âge d'or de la production d'estampes de l'ukiyo-e s'est étendu du xviie à la fin du xixe siècle. Les artistes les plus renommés sont Hiroshige *(Les 53 relais du Tokaido)*, Hokusai *(Les 36 vues du mont Fuji)*, Sharaku (acteurs de kabuki) et Utamaro (beautés féminines).

伝統芸能・美術

浮世絵には、肉筆の浮世絵と木版画の浮世絵版画がある。今やどちらも世界中の美術品コレクターの熱い視線を集めている。有名な役者、力士、遊女、伝説的な人物や、日常の風景、そして名所などを描いた浮世絵版画は今日の絵葉書、ポスター、ブロマイドや本の挿絵に相当するものであった。また娯楽と教育を兼ねたエロティックな版画（春画）も多かった。浮世絵制作の全盛期は17世紀から19世紀後半まで続いた。「東海道五十三次」の広重や「富嶽三十六景」の北斎、役者絵の写楽、美人画の歌麿などが最も有名だ。

On trouve encore à l'époque moderne des artisans (japonais et étrangers) produisant des estampes de manière traditionnelle, dont beaucoup travaillent seuls. Cependant, la fabrication d'une estampe est un procédé long et difficile, qui était jadis accompli par toute une équipe de spécialistes : l'artiste *(ukiyo-e-shi)* qui créait le dessin original à l'encre de Chine ; les graveurs *(hori-shi)* qui reproduisaient ce dessin sur des blocs de bois, habituellement en cerisier ; les imprimeurs *(suri-shi)* qui imprimaient soigneusement chaque couleur, s'assurant que le papier restait aligné ; et l'éditeur, qui s'occupait de la diffusion de l'estampe.

今でも伝統的な手法で制作する職人が国籍を問わず存在し、多くは1人で作業している。しかし、木版画の制作は時間と手間がかかるため、かつては何人かの専門家がチームになって制作していた。浮世絵師がオリジナルの絵柄を墨で描き、彫師がふつうは桜材の木版を彫った。刷師は紙が決してずれないように細心の注意をはらいながら1色ごとに刷り、そして出版社が発行を担当した。

伝統芸能・美術

Niwa　庭

La longue tradition des petits jardins (*niwa*) clos sur eux-mêmes et suggérant un paysage complet est encore bien vivante à l'époque actuelle, où elle permet de tirer le meilleur parti d'un espace limité. Davantage faits pour être admirés que pour y jouer, ils incluent parfois des éléments typiques des jardins entourant les pavillons de thé, tels que des pas de pierre posés sur le gravier ou sur le sable (*tobi-ishi*), une barrière ornementale jouxtant la maison (*sodegaki*) ou une lanterne de pierre (*ishidoro*). Les jardins secs avec du sable, des graviers et des rochers qu'on voit dans les temples sont appelés *karesansui*.

伝統芸能・美術

　小さいが、必要なものを完備した一風景を表現する日本庭園（庭）は、限られた空間を最大限に活用する手段として、その長い伝統が今日もしっかりと生きている。日本の庭は、そこで遊ぶというより鑑賞するものだ。茶室の庭には、砂利や砂の上に敷かれた飛び石や、袖垣（建物に取りつける装飾用のフェンス）、石灯籠などが設けられていることもある。寺に見かける乾いた砂、砂利、岩石で構成された庭は枯山水と呼ぶ。

Bonsaï 盆栽

L'ancien art méticuleux des *bonsaï* (« cultiver des plantes dans un pot ») consiste à faire pousser des arbres miniatures dans une recherche de *shin-zen-bi* (vérité, bonté, beauté). Il combine de manière intéressante manipulation de la nature et reconnaissance de celle-ci. On trouve des bonsaïs devant les maisons, dans les *tokonoma* (alcôves) et les expositions. L'idée est de créer des arbres nains, en particulier des pins *(matsu)*, des zelkovas *(keyaki)*, des cèdres *(sugi)*, des érables *(momiji)*, des cerisiers *(sakura)* et des cyprès *(hinoki)* – tout en maintenant des proportions harmonieuses avec le récipient, une agréable asymétrie et un aspect totalement « naturel ». Les bonsaïs peuvent vivre plusieurs centaines d'années, et leur image d'immortalité les rend populaires chez les personnes âgées.

伝統芸能・美術

丹精を込めた日本古来の芸術、盆栽とは、真・善・美の精神に基づいたミニチュア鉢植え栽培のこと。自然そのものへの敬意を促す一方で自然を操る、興味深い融合の世界だ。人々は、盆栽を庭に並べたり、床の間に飾ったり、展示会に出品したりする。とりわけ松、けやき、杉、紅葉、桜、ひのきなどの木々の小型版をつくり上げるという発想のもと、鉢との釣り合いや美しく見えるバランスを調整し、完全に「自然な」趣をかもし出す。盆栽は何百年も生き続ける。この不朽のイメージが、年配者層を魅了するのだ。

伝統芸能・美術

Kakejiku 掛け軸

Les rouleaux peints suspendus appelés *kakejiku* peuvent comporter un paysage à l'encre de Chine de format vertical *(sansui-ga)*, une représentation d'oiseaux ou de fleurs évoquant une saison de l'année *(kacho-ga)*, une image bouddhique *(butsu-ga)* ou une belle calligraphie. Dans le *tokonoma*, l'alcôve d'une pièce japonaise traditionnelle, est accroché un seul kakejiku à la fois, généralement choisi en fonction de la saison. L'image centrale reçoit le nom de *honshi*, et le support décoratif celui de *hyogu*. Les rouleaux sont roulés et rangés dans des boîtes spéciales quand ils ne sont pas exposés.

伝統芸能・美術

　掛け軸には、縦長の墨で描いた風景画（山水画）、季節の鳥や花の絵（花鳥画）、仏教関連の絵（仏画）、そして見事な書を表したものなどがある。伝統的な和室の床の間には、ふつう季節感のあるものを選び、一度に一幅だけ飾る。中心となる絵や書を「本紙」、装飾的な枠を「表具」と呼ぶ。ふだんは巻き上げて、専用の箱にしまっておく。

Ikebana　生け花

Un *ikebana* (« fleurs maintenues en vie ») est une composition qui associe des fleurs, des herbes, des feuilles et des baies choisies pour refléter la saison et qui est placée sur le sol recouvert d'une natte *(toko)* du tokonoma. Il arrive aussi qu'un simple arrangement soit créé dans un vase de bambou suspendu. Un pot à encens, un ornement précieux, tel qu'une sculpture ou une pierre particulière, ou encore un bonsaï peuvent lui être associés.

伝統芸能・美術

季節感が重視される花や草や葉や実をアレンジする生け花は、床の間の畳敷きの床に飾る。竹製の花瓶に簡素な生け花を生けることもある。香炉、高価な石や彫刻などの貴重な装飾品、あるいは盆栽なども飾られる。

Shiro 城

Les châteaux forts caractéristiques du Japon *(shiro)* furent développés pour répondre au contexte militaire de la fin du XVIᵉ et du début du XVIIᵉ siècle. Leur nom combine celui du lieu et le suffixe *-jo*. La différence principale avec leurs homologues européens est que seule la base était en pierre. Le reste des bâtiments était en bois recouvert d'une épaisse couche de plâtre ou d'argile, destinée à les protéger contre le feu et les attaques. Cependant, seules quelques structures originelles ont survécu aux incendies, aux tremblements de terre et aux guerres ; aussi, de nombreux édifices célèbres, tels ceux d'Osaka et de Nagoya, sont-ils en fait des reconstructions du XXᵉ siècle. Parmi la douzaine de shiro qui ont été conservés dans leur état d'origine jusqu'à nos jours, le plus populaire est le magnifique Himeji-jo (le château du Héron blanc), dans la préfecture de Hyogo, achevé en 1610. Il a été classé au patrimoine mondial en 1993.

124

伝統芸能・美術

　日本独特の城は、16世紀末から17世紀初めに起こった軍事情勢とともに発達した。城の名称は、所在地の末尾に「城」をつける。ヨーロッパの城との大きな違いは、城壁だけが石で築かれているということ。建物はすべて木造で、火災や攻撃から守るために粘土やしっくいを厚く塗ってある。しかし、火事や地震、戦禍を免れて、当時のまま現存する城はごくわずか。大阪城や名古屋城など、有名な城の多くは20世紀になって再建されたものだ。ほぼ完全に当時の姿を残す10数基あまりの城で最も人気があるのは、兵庫県に建つ美しい姫路城（白鷺城）である。1610年に完成した姫路城は1993年に世界文化遺産に登録されている。

Tenshukaku　天守閣

Le haut *tenshukaku* (donjon) servait à la fois de tour de guet et d'ultime refuge pour le seigneur et sa famille quand un château était assiégé. Il était équipé d'un puits *(ido)* fournissant une réserve d'eau. Les deux créatures mythiques semblables à des dauphins *(shachihoko)* dont les queues en bronze se relevaient de part et d'autre du toit de certains donjons étaient censées protéger l'édifice contre les incendies.

Dans la plupart des cas, une ville fortifiée *(jokamachi)* complète se construisait autour du château, incluant des temples, des quartiers de plaisir et les résidences de fonctionnaires subalternes. L'accès au château était rendu difficile par la présence d'au moins un large fossé *(hori)* aux pentes abruptes. À Tokyo, des vestiges du fossé intérieur *(uchibori)* et du fossé extérieur *(sotobori)* du château d'Edo sont encore visibles de nos jours, bien qu'il ne reste que très peu de portes *(mon)*. L'entrée principale des châteaux était souvent constituée de deux portes disposées à angle droit, séparées par une cour carrée *(masugata)* dans laquelle les assaillants pouvaient être pris au piège.

伝統芸能・美術

高くそびえたつ天守閣は監視塔であると同時に、城が包囲されたときには、領主とその家族が最後に避難する場所でもあった。水は井戸から供給された。屋根の両端に青銅の鯱が載っている天守閣もある。イルカによく似た想像上の生き物で尾ひれを高く反り上げている鯱は、城を火災から守ると信じられていた。

たいていの場合、城のまわりには城下町が広がり、そこには寺社、歓楽街、下級

武士の住居などがあった。どの城も、両側が急勾配になった幅が広い掘が少なくとも1つはあったため、城内への立入りは容易ではなかった。東京では今でも江戸城の内堀や外堀の広がりを目にすることができるが、現存する門はごくわずかである。城の正門である大手門は、ふつう直角に交わる2つの城門からなることが多く、城門と城門の間は四角い中庭（枡形）になっていて、敵を待ち伏せしやすくなっていた。

Chapitre 6

歳時記

Au fil des saisons

Momo-no-sekku 桃の節句

Momo-no-sekku, la fête des fleurs de pêcher, célébrée le 3 mars, est aussi la « fête des filles ». On l'appelle également *Joshi-no-sekku* (la fête du jour du serpent au début de mars) ou *Hina-matsuri* (la fête des poupées).

La tradition veut que l'on montre à cette occasion des poupées cérémonielles *(hina-ningyo)* en costumes de Cour de l'époque de Heian (794-1192). L'idée est de prier pour le bonheur et la santé des petites filles, ainsi que de les encourager à bien se comporter et à respecter la famille et les ancêtres. Vêtues de leurs plus beaux kimonos, les fillettes admirent les poupées, mais sans jouer avec elles.

桃の節句は、3月3日に祝う女の子の祭り。上巳の節句、あるいはひな祭りともいう。

平安時代 (794 〜 1192) の宮廷衣装をまとう儀式用の人形 (ひな人形) を飾るのが伝統だ。娘たちの幸せと健康を祈り、礼儀と家族や祖先を敬う心を身につけてほしいという願いを込める。女の子たちは一番上等な着物に身を包み、人形飾りを眺めて楽しむが、手にして遊んだりはしない。

Hina-ningyo　ひな人形

Les poupées *hina-ningyo* sont exposées sur un support spécial *(hina-dan)* à cinq étages ou plus, recouverts de tissu ou de feutre rouge. L'ensemble de base est constitué de 15 poupées, représentant une fête à l'ancienne Cour impériale pour admirer les fleurs de pêcher. Sur l'étage le plus élevé sont assis, devant un paravent doré en accordéon, les *o-dairi-sama*, c'est-à-dire l'Empereur et l'Impératrice en costume traditionnel de brocard. De chaque côté se dresse une lampe sur pied de type *bonbori*. À l'étage suivant, trois dames de compagnie *(sannin-kanjo)* se tiennent prêtes à servir du saké. En dessous, on trouve cinq musiciens *(gonin-bayashi)*, deux ministres *(daijin)* avec arcs et flèches, et pour finir trois valets *(jicho)*, parfois présentés comme des ivrognes pleurant, riant et se fâchant !

歳時記・春

　ひな人形は、赤い布もしくはフェルトで覆われた5段かそれより多い階段状の特別な台（ひな壇）に飾られる。人形の数は15体が基本で、昔の皇室で行われた桃の花見の宴を表現している。最上段には天皇と皇后を象徴するお内裏さまがいて、金襴の装束を身にまとい、金びょうぶを背にして座る。その両脇にはぼんぼり（床用ランプ）を置く。2段目には、酒をつぐために控えている3体の三人官女。その下の3段目に楽人である5体の五人ばやし、弓と矢を持った2体の大臣、最下段に3体の仕丁と続く。仕丁は、泣きじょうご、笑いじょうご、怒りじょうごを表すことがある！

Hanami 花見

Depuis les temps anciens, le mot *hana* (fleur) est synonyme des *sakura* (fleurs de cerisier), qui sont devenues l'emblème floral du Japon. C'est un thème puissant en rapport avec l'arrivée du printemps, qui se produit vers le mois d'avril au centre du pays, alors que tant de choses débutent, comme par exemple l'année scolaire. On y voit également le symbole du caractère éphémère de ce monde, les fleurs ne restant écloses qu'un bref moment, avant de tomber rapidement. *Hanami* (contempler les fleurs de cerisier) était à l'origine, il y a de cela environ quatre cents ans, un simple divertissement pour les citadins ordinaires. Ils prirent alors l'habitude de se rassembler sous les arbres en fleur pour manger, boire et se réjouir. Depuis le xixe siècle, des cerisiers d'ornement appelés *somei-yoshino* ont été plantés à travers tout le Japon. Comme il s'agit de clones, tous fleurissent en même temps à chaque endroit. À mesure que le « front des cerisiers » progresse du sud vers le nord, des bâches en plastique et des cartons sont étalés sur le sol, et la fête de hanami peut commencer !

古代から桜は「花」の代名詞とされて、日本を象徴する花になった。春の訪れを表わす強力な存在であり、学校の新学期などさまざまなことが新たに始まる4月ごろに日本の中心部で開花する。咲いたと思えばすぐに散る、そんな桜は浮き世のはかなさを象徴するものでもある。花見の風習はおよそ400年前に一般庶民の

娯楽として広まった。桜の木の下に集い、食べたり、飲んだりして楽しんだのである。19世紀以降、ソメイヨシノという品種の桜が全国的に植樹されている。クローン種であるため、それぞれの地域で一斉に開花する。桜前線は南から北へだんだんと移動し、地面にビニールシートや段ボールを敷いた花見の宴会が各地で行われる。

Koinobori　こいのぼり

Le 5 mai est de nos jours une fête nationale appelée le « jour des enfants ». Mais son nom traditionnel est *Tango-no-sekku* (la fête des garçons) ou *Shobu-no-sekku* (la fête des iris).

De nombreux insectes font leur apparition au mois de mai et les paysans avaient l'habitude d'ériger des bannières flottantes dans les champs afin de les éloigner des cultures. Les samouraïs dressaient devant leur maison un grand drapeau portant l'emblème familial quand leur naissait un fils. Vers la fin du XVIIIe siècle, pour ne pas être en reste, les paysans et les commerçants décidèrent de créer leurs propres enseignes. Ils fabriquèrent des bannières en papier représentant des carpes remontant le courant – robustes, intrépides et tenaces, mais calmes au moment de mourir. De là viennent les sortes de manches à air en forme de carpe, appelées *koinobori*, qui sont aujourd'hui encore érigées par les familles avec des garçons vers la fin du mois d'avril.

5月5日は今では「こどもの日」と呼ばれる国民の祝日だ。しかし、伝統的な名称は端午の節句もしくは菖蒲の節句である。

5月にはたくさんの昆虫が姿を現すため、農家の人々は田畑に風にたなびく旗を立て、作物から虫たちを追い払う習慣があった。家紋のついた大きなのぼりは、侍階級の人々が、息子の誕生を祝うために屋敷に立てた。18世紀末ごろになると、ひけをとるまいと、農家や商家の人々が自分たち独自の飾り物をつくるようになった。彼らは、コイが川の流れに逆らって上流へと登っていく姿を象徴する紙の飾りリボンをつくった。流れに立ち向かうコイのたくましさ、勇敢さ、根気

強さ、そして死に際しての平常心を象徴している。これが円すい状の吹流しに似たこいのぼりの起源で、今日でも男の子のいる家庭では4月末ごろになると、こいのぼりを立てる。

Gogatsu-ningyo　五月人形

Une autre tradition liée à la fête des garçons qui se poursuit à notre époque consiste à exhiber différents objets exprimant la force et le courage virils *(gogatsu-ningyo)*.

Jadis, le destin d'un garçon dépendait parfois largement de son adresse dans le maniement des armes. En mai, on sortait les armures, casques, sabres et autres pièces d'armement familiales pour les aérer et le père de famille racontait à ses enfants les exploits des figures guerrières du passé. Celles-ci comprenaient aussi bien des personnages historiques, tels Hideyoshi et Yoshitsune, que des garçons musclés légendaires, comme Momotaro et Kintaro. Des images ou des figurines les représentant étaient également exposées à cette occasion.

今日まで続く伝統的な端午の節句のもう1つの風習は、男の強さと勇敢さにちなんださまざまなものを飾ることだ（五月人形）。

その昔、男の子の運命は武器を扱う腕前に大きく左右された。5月になると、先祖伝来の家宝の武器であるよろい、かぶと、剣などは、虫干しのために外に出され、一家の父親が、歴史に名を刻んだ過去のつわものたちの功績を息子たちに語って聞かせた。秀吉や義経のように実在した武士から、桃太郎や金太郎のような伝説上のたくましい男の子まで、その人物は広範囲に及んだ。そしてそのようなつわものの絵や人形も、同じように飾られた。

Tanabata-kazari 七夕飾り

La fête riche en couleur dite du métier à tisser, *Tanabata-no-sekku*, était autrefois célébrée le 7ᵉ jour du 7ᵉ mois du calendrier lunaire. Aujourd'hui, on la fête le 7 juillet dans la plus grande partie du Japon, ou un mois plus tard. Également appelée *Hoshi matsuri* (fête des étoiles), son origine remonte aux alentours du VIIIᵉ siècle. Elle est basée sur des légendes chinoises à propos d'amants célestes qui n'étaient autorisés à traverser la voie Lactée pour se rencontrer qu'une fois par an. La femme était Orihime, une princesse habile dans l'art du tissage (Véga, la Tisserande) et son époux, Hikoboshi (Altaïr, le Vacher). Tanabata est devenu une fête populaire pour tous les âges au cours de l'époque d'Edo. On écrit des souhaits sur de longues bandes de papier coloré *(tanzaku)* qu'on accroche à une tige de bambou.

色鮮やかな七夕の節句（機織<small>はたおり</small>の祭り）は、以前は太陰暦の第7月の7日目に行われた。現在では、日本のほとんどの地域で7月7日か、その1カ月後に行われる。星祭りとも呼ばれ、8世紀ごろから始まった。1年にたった一度だけ天の川を越えることを許された天空の恋人たちをつづった中国の物語がもとになっている。妻は機織に長けていた織姫（ベガ、織女星）で、夫は彦星（アルタイル、牽牛星）であった。七夕は、江戸時代に世代を問わず人気のあるお祭りになった。細長い色紙（短冊）に願い事を書いて、竹の枝につるす。

たなばたまつり

天の川とながれぼー

Hanabi 花火

Les feux d'artifice japonais (*hanabi*, « fleur de feu ») sont actuellement considérés comme les plus beaux au monde. Ils font partie intégrante des festivités estivales, aussi bien sous la forme de spectacles de masse *(hanabi-taikai)* que de réjouissances privées dans les jardins et les rues. Pour les Japonais, il y a quelque chose de « rafraîchissant » dans les feux d'artifice, par les soirées d'été chaudes et humides. De grands feux sont organisés à l'échelle nationale en juillet et en août, dont beaucoup sont tirés au-dessus de fleuves ou de la mer, là où souffle une plaisante brise et où les eaux offrent de magnifiques reflets. Ils se caractérisent par leurs somptueux et très variés *uchiage-hanabi*, de gigantesques explosions de couleurs, ainsi que par des *shikake-hanabi*, des pièces pyrotechniques produisant des effets spéciaux.

　日本の花火は、今や世界で最も優れたものとされている。花火は日本の夏の祭典になくてはならないもので、それは大規模な花火大会でも、庭や通りで楽しむささやかなパーティーでも、どちらでも同じだ。日本人にとって、蒸し暑い夏の夜の花火はすがすがしく、「涼しく」さえしてくれるものなのである。大規模な大会は全国的に７月から８月にかけて開催され、その多くはさわやかな風があって水面に映る花火が美しい河川敷や海辺で行われる。とりどりの色がパッと大きく開く多様で絶妙な打ち上げ花火だけでなく、特別な仕掛けが施された仕掛花火が呼び物になる。

Mikoshi 神輿

Les sanctuaires portables finement sculptés appelés *mikoshi* (palanquin porte-divinité) jouent un rôle majeur dans les fêtes, où ils font faire le tour du voisinage au dieu local, afin qu'il accorde sa bénédiction. Ils peuvent peser plusieurs tonnes, et il faut des centaines d'hommes et, de plus en plus souvent, de femmes, pour les porter sur des perches de bois – un effort collectif qui reflète le travail communautaire traditionnel dans les champs. Les tremblements des porteurs sont censés être provoqués autant par le pouvoir de la divinité que par l'enthousiasme et l'ivresse.

Les mikoshi sont généralement en bois recouvert de laque noire et de dorures. Ils se présentent un peu comme des modèles réduits de sanctuaire, avec des torii (portails) miniatures, un perron et un toit complexe surmonté par un phénix doré *(hoo)*. D'autres mikoshi sont minuscules et tirés sur des chariots par des enfants.

きめ細かい彫刻を施された神輿が、さまざまな祭りで中心的な役割を果たす。ご加護を与える氏神さまを乗せて近隣を巡行するのである。重量が数千キロになるものもあり、何百人もの男性の力が必要だ。最近では女性のかつぎ手も増えている。この結束力は、農作業で必要とされていた共同労働の姿を映し出すかのようだ。神輿を上げ下げする動作は鎮座する神の力を反映しているのであって、単にかつぎ手たちの熱狂や酩酊によるものではないとされている。

神輿はたいてい木製で黒漆や金箔が施されている。神社を小さくした感じで、ミニチュアの鳥居、階段、入り組んだ屋根などからなり、屋根の上には金色の不死鳥（鳳凰）が乗っている。他に小型で子供たちが台車で引っ張る神輿もある。

Bon-kazari　盆飾り

Les trois jours de la fête d'*O-Bon* (ou *Urabon-e*), en juillet ou en août, sont consacrés à accueillir les esprits des morts lors de leur visite annuelle. Fête bouddhiste à la base, mais également liée au culte Shintô des ancêtres, elle mêle tendres souvenirs et respect des aïeux, avec des manifestations collectives pleines de vie telles que les danses de *Bon-odori*. Des lanternes appelées *Bon-chochin* sont allumées dans les maisons et de petites offrandes de la nourriture favorite des défunts sont déposées sur le *shoryo-dana* (autel des esprits). En certains lieux, des lanternes flottantes sont lâchées dans les cours d'eau pour raccompagner les esprits *(toro-nagashi* ou *shoryo-nagashi)*.

　お盆（または盂蘭盆会）は、7月または8月の3晩に、年に一度訪れる祖先の精霊を迎えるために行われる。神道の祖先崇拝と関係の深い仏教行事である。故人をしのび、盆踊りなど地元主催の楽しいイベントで祖先に敬意を表す。家の中に提灯を置き（盆提灯）、特別に精霊を迎えるための棚（精霊棚）を設け、故人の好物だった食べ物を供える。場所によっては、提灯を川に浮かべ海へと流し先祖の霊を送る（灯籠流し、または精霊流し）。

Sensu　扇子

Les éventails sont depuis longtemps liés aux arts décoratifs et aux arts du spectacle tout autant qu'à la vie quotidienne. On dit que les premiers éventails chinois importés au Japon ne se pliaient pas. Les Japonais se targuent d'avoir inventé les *sensu*, les éventails pliables, il y a plus d'un millier d'années, en s'inspirant des ailes des chauves-souris. Depuis lors, ils ont trouvé de nombreux usages, ont servi de support à toutes sortes de peintures et de calligraphies et sont devenus indissociables d'arts de la scène tels que le théâtre, la narration de contes *(rakugo)* ou la danse traditionnelle japonaise *(buyo)*, ainsi que de la cérémonie du thé. La structure de base d'un sensu comporte jusqu'à 25 lames en bambou, recouvertes d'un papier *washi* plié. Certains sont faits entièrement en bois de santal ou utilisent la soie à la place du papier.

　扇子は日常生活で使われてきたが、装飾芸術とも舞台芸術ともつながりがある。日本に初めて持ち込まれた中国の扇子は折りたたみ式ではなかったそうだ。日本人は、コウモリの翼を研究して千年以上も前に折りたたみ式の扇子を発明したのだと公言している。以来、扇子は、さまざまな絵や墨文字を描くキャンバスとしてだけでなく、舞台公演や落語、日本舞踊、お茶会などの不可欠な要素としてたくさんの役割を果たしてきた。扇子は、基本的に最大で25本の竹の骨をたたんだ和紙で覆ってつくる。すべて香木でつくられたものや、紙の代わりに絹を用いた扇子もある。

Uchiwa うちわ

Les éventails plats, de forme souvent circulaire, sont appelés *uchiwa*. Ils sont depuis longtemps utilisés à des fins publicitaires, et des versions aux lames en plastique sont couramment distribuées à la sortie des gares pendant l'été. Un uchiwa se glisse très commodément sous la ceinture à l'arrière d'un *yukata* (kimono d'été). On peut également s'en servir en guise de soufflet à un barbecue, ou pour rafraîchir des ingrédients tels que du riz à sushi ou des légumes bouillis. Les arbitres de sumo tiennent à la main une version en bois du *gunbai-uchiwa* en acier autrefois brandi par les chefs de guerre pour donner leurs ordres.

歳時記・夏

平たくて丸形が多い扇はうちわと呼ばれる。うちわは長い間広告媒体として使われていて、夏にはプラスチックの骨でつくったものを駅の出口で配っているシーンによく出くわす。うちわは浴衣（夏の着物）の帯の後ろに簡単に差し込める。またバーベキューのときにはふいごのように使ったり、すしめしやゆでた野菜など食材を冷ますときにも使うことができる。相撲の行司は、かつて合戦で大将が指揮をとるのに用いた鉄製の軍配団扇の木製版を使っている。

Sudare et Yoshizu すだれ／よしず

Avant l'époque de l'air conditionné et des ventilateurs électriques, les Japonais conçurent différents types de stores et paravents pour protéger leurs intérieurs de l'ardeur des rayons du soleil, créer des courants d'air et tamiser la lumière crue du jour. Le nom générique pour les stores en bambou est *sudare* et les paravents en roseau sont appelés *yoshizu*. Les matériaux employés ne doivent pas craindre l'humidité, et ceux qui poussent au Japon sont souvent plus résistants aux moisissures que ceux qui sont importés.

エアコンや扇風機が普及する前、日本人は太陽の強烈な熱から家を涼しくしておくために、風を通しつつ、直射日光を避けるためのさまざまな日除けやついたてを考案した。竹製の日除けの一般名は「すだれ」、アシのついたては「よしず」と呼ばれる。材料としては湿気に強く、できれば日本で育ったものが理想的とされている。というのも、輸入ものよりもカビに強い傾向にあるからだ。

Kakigori　かき氷

La glace était autrefois un luxe, réservé à l'aristocratie qui seule avait les moyens de payer son transport depuis les montagnes du Nord. Les voyageurs japonais de la fin du XIXᵉ siècle découvrirent les crèmes glacées outre-mer. Il devint peu après possible de produire de la glace, et les *kakigori* (glace pilée) sont aujourd'hui l'une des friandises favorites des Japonais en été.

Où que vous alliez à cette saison, vous verrez de petits drapeaux rouge, blanc et bleu avec le caractère signifiant « glace ». Cela veut généralement dire que des crèmes glacées et des kakigori sont en vente. Vous en trouverez dans les supérettes (parfois préemballés), sur les plages, dans les fêtes, et beaucoup de gens en fabriquent à la maison.

かつて氷はめったに手に入らないもので、北の山間部からの運送代をまかなえた貴族だけが手に入れることができた。19世紀後半に海外を旅した日本人がアイスクリームというものを発見した。まもなく氷の製造が可能となり、今日、日本人のお気に入りの夏の食べ物の1つであるかき氷（削った氷）もつくられるようになった。

夏になると、どこへ行っても「氷」と書かれた赤、白、青の旗が目に入る。これはアイスクリームやかき氷を売っているというしるしである。かき氷はコンビニ（すでにパッケージに入っていることもある）や、ビーチや、祭りでも目にする。また、自宅でかき氷をつくる人も多い。

Kaya 蚊帳

À une époque, les moustiquaires *(kaya)* jouaient un rôle essentiel dans la vie quotidienne. De forme rectangulaire, elles étaient suspendues au plafond par quatre coins et occupaient la plus grande partie de la pièce. Il en existait de plus petites, avec un cadre en bambou, pour les jeunes enfants. Les kaya sont devenus peu à peu inutiles avec les méthodes de construction modernes, la meilleure étanchéité des portes et des fenêtres, l'introduction de l'air conditionné et les *amido* (volets anti-moustiques) à bordure métallique, qui coulissent sur des rails à l'extérieur des fenêtres. Néanmoins, on peut encore acheter des kaya de chanvre ou en polyester qui pendent jusqu'au sol, que ce soit pour les utiliser dans les vieilles maisons ou pour le camping.

　かつて、蚊帳は日常生活に欠かせないものだった。四角い形で、4隅を天井から つるし、留めくぎで床に固定して部屋のほとんどを覆った。子供には竹枠つきの 小さめのものを使った。建築技術の改善や、しっかり閉まるようになった窓や戸、 エアコンの普及、そして外の窓枠にとりつける金属製の引き戸式網戸の普及によ り、多くの人にとって、蚊帳の必要性はしだいになくなってきた。しかし、麻やポ リエステルでつくられた床に固定しないタイプの蚊帳は今でも販売されており、 古い家やキャンプ用に使うことが可能だ。

Katori-senko 蚊取り線香

Si vous désirez laisser les portes et les fenêtres ouvertes en été, ou vous asseoir à l'extérieur, il est alors avisé d'utiliser un répulsif quelconque contre les moustiques. Les traditionnels *katori-senko* sont des serpentins d'encens à combustion lente, élaborés à partir de pétales de pyrèthre rose. Ils sont généralement vendus dans une boîte qui contient également un petit support métallique, destiné à les maintenir en l'air pendant qu'ils se consument, et ont une durée d'utilisation d'environ dix heures. Les contenants en céramique en forme de cochon ventru sont populaires depuis longtemps pour soutenir les coils. Ils sont concurrencés aujourd'hui par les diffuseurs électriques anti-moustiques, adaptés aux pièces fermées, et des appareils portables miniatures, tels des bracelets et des porte-clefs à ultrasons.

夏に戸や窓を開けておきたい場合や屋外にいたい場合は、何らかの虫除けを使うことをすすめる。蚊取り線香と呼ばれる昔ながらの虫除けは、除虫菊の花びらからつくられた固い緑の香をコイル状に巻きつけたもので、ゆっくり燃える。たいていは缶に入っていて、コイルが燃える間、支えておくための金属のスタンドがついている。蚊取り線香は10時間くらいもつ。丸々としたブタの形をした陶器製の容器はコイル立てとして昔から親しまれている。締め切った部屋には小さなマットや液体から虫を殺す香りが出る近代的な電気蚊取り線香、またリストバンドや超音波のキーホルダーなど、持ち運び可能なミニチュアの蚊除け装置がある。

Furin 風鈴

Il existe traditionnellement au Japon de nombreux moyens d'aider le corps et l'esprit à oublier la chaleur et l'humidité du plein été, incluant les nombreuses et «glaçantes» histoires de fantômes visibles à la télévision et sur la scène du Kabuki. Un autre moyen, aussi charmant qu'économique, consiste à suspendre une petite cloche à vent (furin) aux avant-toits de la maison ou à un arbre proche. Les tintements produits irrégulièrement par la brise donnent une relative sensation de fraîcheur. Inventées au XIVᵉ siècle, les furin peuvent être en verre, en porcelaine, en bambou ou en métal. Au battant est attaché quelque chose pour prendre le vent – habituellement une bande de papier, voire une plume.

日本の真夏の蒸し暑さを心身ともに忘れさせてくれる方法はたくさんあって、テレビや歌舞伎の舞台での、背筋が寒くなるような怪談話などもそうである。もう1つの魅力的で安上がりな方法としては、家の軒下や近くの木に小さな風鈴をつるすことだ。一陣の風が吹くとチリンチリンという音が鳴り、なんとなしに涼しい気分にしてくれる。14世紀ごろから使われ始めた風鈴は、ガラスや磁器、竹や金属からつくられる。鈴の舌につけるのは風を受け止めるもので、たいていは1枚の長い紙だが、羽をつけることもある。

Momiji-gari　紅葉狩り

Une grande partie du Japon est montagneuse et recouverte de forêts ; celles-ci comprennent de nombreux feuillus qui changent de couleur en automne, en particulier des érables *(momiji)* qui deviennent rouges et des gingkos *(icho)* qui deviennent jaunes. Les Japonais ont toujours beaucoup aimé la beauté des couleurs de l'automne *(koyo).* À l'époque de Heian, au xıᵉ siècle, les aristocrates se réunissaient pour les contempler et composer des vers admiratifs, bien qu'empreints de mélancolie. On appelait ce genre de réunion *momiji-gari* (chasse aux érables), et la coutume s'étendit aux gens du peuple vers le xvıᵉ siècle. Les routes menant à des lieux de momiji-gari célèbres, tel Nikko, dans la préfecture de Tochigi, se couvrent de voitures en octobre-novembre, alors que tout un chacun se met en quête du plus beau spectacle.

日本は国の多くが山林であり、特に赤くなる紅葉や黄色に変わる銀杏など、秋に色づく落葉広葉樹が大量に生育している。日本人は昔から紅葉の美しさを愛でてきた。11世紀の平安時代、公家たちは集まって紅葉を鑑賞し、楽しみながら哀愁をおびた歌をつくったりした。この慣習は紅葉狩りとして知られ、16世紀ごろには一般人にも広がるようになった。栃木県の日光など紅葉狩りの場所として有名な場所に続く道路は、10月や11月になるとベストな眺めを求める人たちで交通渋滞が起こる。

Tsukimi　月見

Au Japon, la lune n'évoque ni la folie ni les loups-garous, mais seulement la beauté et la paix. Dans le passé, des soirées de *tsukimi* (contemplation de la lune) étaient tenues aux dates de *Jugoya* (15e nuit du 8e mois) et de *Jusanya* (13e nuit du 9e mois) selon le calendrier lunaire. Les invités écrivaient des poèmes en relation avec la lune tout en mangeant et buvant. De nos jours encore, de telles soirées sont organisées à l'occasion des pleines lunes *(chushu no meigetsu)* de septembre et d'octobre.

Un plateau d'offrandes, appelé *sanpo*, est placé sur une table posée en direction du lever de lune. Les offrandes, adressées à la divinité de la Lune, incluent un vase de *susuki* (herbe de la pampa), deux *tokkuri* (fioles en terre cuite) de saké, des *tsukimi-dango* (boulettes de pâte de riz) et deux bougies. S'y ajoute un assortiment de fruits et légumes de saison, tels que des kakis, des haricots de soja bouillis *(edamame)*, des châtaignes *(kuri)* et des taros *(satoimo)*.

日本では、満月は狂気や狼男とは何の関係もなく、もっぱら平和と美を象徴するものである。昔は旧暦の十五夜（8番目の月の夜）と十三夜（9番目の月の夜）に月見（月を眺める宴）が行われ、客人は飲食しながら月にまつわる短歌を詠んだ。月見は今でも9月と10月の収穫期の満月（中秋の名月）の夜に催されている。

月が出る方角にテーブルを用意し、その上に三方（さんぼう）という供物台を置く。月の女神へ捧げるのはススキを活けた花瓶と、徳利が2本、月見団子、ろうそく2本、そして柿やゆでた枝豆、栗やサトイモなど、季節の果物と野菜を盛り合わせたものである。

Shichi-go-san 七五三

La fête charmante et colorée appelée *Shichi-go-san* (7-5-3) est célébrée dans les sanctuaires principaux, à travers tout le pays, en novembre. Les filles et, parfois, les garçons âgés de trois ans, les garçons de cinq ans et les filles de sept ans sont revêtus de leurs plus beaux habits *(haregi)* et emmenés au sanctuaire afin de prier pour leur bonne santé et leur longévité. Après une courte cérémonie de purification, le prêtre lit le nom des enfants à la divinité pour la remercier et lui demander sa protection. Cette fête a son origine dans une antique coutume des familles de samouraïs et de commerçants, destinée à aider les enfants à sortir de l'enfance : à partir de trois ans, ils pouvaient laisser pousser leurs cheveux, et les filles les nouaient *(kamioki)* ; les garçons portaient le *hakama* (jupe/pantalon large plissé) à partir de cinq ans *(hakamagi)* ; et les filles portaient un *obi* (ceinture) spécifique à partir de sept ans *(obitoki* ou *himo-otoshi)*.

　七五三という名の色彩に富んだ楽しい家庭関連の行事が、全国の主な神社で11月に行われる。3歳の女の子（時に男の子もあり）、5歳の男の子、そして7歳の女の子が一張羅の服（晴れ着）を着て、健康と長寿を祈るために神社を詣でるならわしである。簡単なお清めの儀式があり、神職が子どもたちの名前を読み上げ、神道の神々に子供の健康を感謝し長寿を願う。これは、侍や商人の家庭で、その子供たちが幼年期を生き延びるよう願った慣習に由来するものだ。例えば、3歳になると髪を伸ばすことが許され、女の子は髪を結んだり（髪置き）、男の子は5歳で初めて袴（ひだ付きスカートまたはズボン）を身につけ（袴着）、また女の子は7歳になると正式の帯を着用したのである（帯解き、またはひも落とし）。

Chitose-ame　千歳飴

Après la cérémonie de 7-5-3, les enfants reçoivent de longs sacs en papier *(kesho-bukuro)* contenant de minces sachets rouges et blancs de *chitose-ame* (bonbon de mille ans) fabriqué avec du *mizu-ame* (sirop d'orge épais) bouilli. Les sacs sont colorés et ornés de nombreux symboles anciens de longévité et de bonne fortune : pins, bambou et fleurs de prunier (désignés collectivement sous l'appellation de *sho-chiku-bai*), grues, tortues, *noshi*, rayons de soleil, marteau porte-bonheur de Daikoku, *daruma*, corail, dés, voire une image de Kintaro, le garçon musclé des vieilles légendes populaires.

　七五三の儀式が終わると、子供たちには、水あめを煮てつくった長い紅白の棒状の千歳あめが入った縦長の化粧袋が渡される。紙袋には、昔から長寿と幸運の象徴である松の木、竹、梅の花（まとめて松竹梅という）、鶴亀、のし、日光、大黒さんの打出の小づち、だるま、サンゴ、さいころ、そしてときには古い民話に登場する強い男の子、金太郎の絵などが描かれている。

Botamochi et Ohagi ぼたもち（おはぎ）

Des gâteaux de riz spéciaux sont confectionnés pour l'équinoxe de printemps *(haru-no-higan)* et celui d'automne *(aki-no-higan)*. Ils portent des noms différents en raison de leur ressemblance avec des fleurs typiques de chaque saison: *botamochi* (*botan* = pivoine) au printemps et *ohagi* (*hagi* = lespédèze) en automne. Ils sont constitués d'un mélange de riz et de *mochigome* (riz glutineux) cuits à la vapeur. Cette mixture est modelée en forme d'œufs qui sont recouverts d'*an* (pâte de haricots rouges ou *azuki*). Un saupoudrage de *kinako* (farine de soja) et de *kuro-goma* (sésame noir) est souvent ajouté.

　春分（春の彼岸）と秋分（秋の彼岸）のいずれにも特別なもちが用意される。それぞれ季節の花に似ているところから異なった名前がつけられている。ぼたもち（牡丹）は春、おはぎ（ハギ）は秋である。蒸した米ともち米（粘着性のある米）を混ぜ合わせてつくる。ついた米をあん（ペースト状の小豆）でくるみ、卵型のもちにしたものだ。きな粉（大豆の粉）や黒ごまをまぶすことがしばしばある。

Kadomatsu 門松

Les décorations de Noël, au Japon, disparaissent dès le 25 décembre, pour faire place aux nombreuses décorations traditionnelles du nouvel an. Parmi celles-ci, l'une des plus importantes, placée devant les maisons privées et les boutiques, est *kadomatsu* (la porte de pin). Elle représente un point de repère pour accueillir la divinité de l'année à venir *(toshigami)*. On utilise des branches de pin parce que leur feuillage est robuste et persistant, suggérant la longévité. Dans l'idéal, il devrait y avoir un kadomatsu de chaque côté de l'entrée : du pin rouge à droite, avec des aiguilles plus douces (= femelle), du pin noir à gauche, avec des aiguilles plus dures (= mâle).

Dans sa forme élémentaire, le kadomatsu est une simple branche de pin fixée à côté de la porte d'entrée. Mais la forme élaborée comprend plusieurs éléments importants, qui symbolisent une vie longue et prospère. Par exemple, trois cannes de bambou, sectionnées en diagonale à leur extrémité supérieure, comme des lances, figurent la vertu, la constance et une croissance rapide, en bonne santé. On inclut souvent un *habotan* (chou frisé d'ornement) pour ajouter une touche de couleur.

歳時記・冬

日本では12月25日になったとたんクリスマスの飾りを見なくなる。数多くの伝統的な新年の飾りがこれにとって代わるからだ。一つの重要な飾りは個人宅や商店の入り口あたりに見かける門松（門の松）だ。門松は新しい年の神（年神）を迎える目印で、長寿を意味する強い常緑樹である松の枝を使う。門の右と左の両側に飾るのが理想的とされている。右側にはやわらかい葉の赤松（雌松）を、左側には硬い葉の黒松（雄松）を立てる。

　最もシンプルな飾り方として、松の枝を1本だけ、玄関のドアの端にとめつけるというのがある。しかし正式な飾りつけは、長寿と繁栄を象徴するいくつかの重要な要素で構成されている。例えば、やりのように先端を斜めに切った3本の青竹は、美徳、不変性、速やかで健やかな成長を表している。葉ボタン（装飾用のキャベツ）を、色を添えるために使うことが多い。

Shime-kazari しめ飾り

Shime-kazari est le terme désignant les décorations de nouvel an pleines de symbolisme qui sont suspendues en différents endroits, tels que l'entrée des maisons. Le shime-kazari indique au dieu du nouvel an *(toshigami)* qu'une résidence provisoire a été créée et purifiée à son intention. L'ornement de base est une version des cordes sacrées torsadées *(shimenawa)* des sanctuaires Shintô, qui symbolisent la pureté. D'autres éléments sont couramment utilisés dans la présentation des *kagami-mochi* à l'intérieur de la maison, comme des fougères *(urajiro)* et du kelp séché *(konbu)*.

しめ飾りとは、象徴的な意味がたくさん込められた新年の飾りつけを指す言葉で、玄関の軒先などあちこちに飾られる。しめ飾りは、新年の神（年神）の仮の住まいがつくられ、清められたことを示す。しめ飾りの母体になるのは、神社で見かける清浄を象徴するしめ縄だ。ほかに、裏白や昆布などの共通要素が、家の中に飾る鏡もちの飾りつけにも使用される。

Mochitsuki　もちつき

Un peu avant la fin de l'année, beaucoup de gens aiment à piler du riz gluant bouilli chaud pour fabriquer des gâteaux appelés *mochi*. Cette tradition est désignée sous le nom de *mochitsuki*.

　　La méthode traditionnelle (censée produire les mochi les plus délicieux) consiste à utiliser un grand mortier *(usu)* et un lourd maillet de bois à long manche *(kine)*. Les mortiers font environ un mètre de haut et sont formés d'un solide bloc de bois ou de pierre évidé en son centre. Au contraire de ceux, plus petits, qu'on trouve dans les cuisines *(suribachi)*, la partie creuse est lisse. On frappe sur la pâte avec le maillet d'un mouvement ample, comme si on fendait du bois. Cette action est accomplie en rythme avec celle d'une autre personne, qui ajoute de l'eau et retourne la pâte avec la main entre deux coups. C'est une opération à la fois éreintante et dangereuse : un coup décalé peut broyer la main de l'assistant.

　年末近くなると、人々の多くが炊きたてで熱々のもち米をつき、新年の料理に欠かせないもちをつくる。このしきたりはもちつきと呼ばれる。
　　一番おいしいもちをつくる方法といわれる古くからのやり方は、大きなうすと重くて柄の長い木製のきねを使うこと。うすは高さが1メートルほどで、たいていケヤキだが、固い木や石の真ん中をくり抜いてつくられる。台所で使われる小型のすり鉢と違い、うすは内側がつるつるしている。きねは、おのでたきぎを割るような動きで、肩の上からもち米のかたまりをバシッとたたくように振り下ろす。もう1人が、きねが振り下ろされる間げきをぬって手水を加えたりもち米のかたまりをひっくり返す。この動作をリズミカルに行うわけだが、体力のいる危険な作業だ。きねを振り下ろすタイミングが乱れると、もちを返す人の手をたたきつぶす可能性もある。

Kagami-mochi 鏡もち

Les boulettes de riz appelées *mochi* occupent une place de premier plan dans la cuisine de nouvel an, car le son du mot « mochi » évoque un autre terme signifiant « durable ». Elles ne sont pas seulement exposées, mais également consommées de diverses façons. Quand on prit l'habitude de construire des *tokonoma* (alcôves) dans les maisons, à l'époque de Muromachi (1336-1573), la coutume se développa d'y exposer des mochi en tant qu'*osonae* (offrande aux êtres invisibles) et prière pour attirer la chance.

De nos jours, deux *kagami-mochi* (gâteaux de riz-miroir) à base plate sont disposés l'un par-dessus l'autre sur un support (*sanpo*) en bois brut. La présentation inclut habituellement du kelp (*konbu*), une orange amère (*daidai*) ou une mandarine (*mikan*), des fougères (*urajiro*) et une brochette de kakis séchés. Une céré-monie appelée *kagami-biraki* (ouverture du miroir) est accomplie le 11 janvier pour briser les boulettes de riz durcies et les manger.

もちは、お正月に食べる料理の中でもひときわめでたい意味合いを持つ。というのも「もち」という言葉の響きが「永く続く」という意味を連想させるからだ。もちは飾るだけでなく、さまざまな調理法で食される。室町時代（1336〜1573）、家に床の間をつくるのが一般的になると、お供え（見えざる存在への捧げ物）として、また幸運を祈って、床の間にもちを飾る習慣が始まった。

現代では、木製の三方（さんぽう）という供物台に円くて平たい鏡もちを2つ重ねて置く。これに、何枚かの昆布とダイダイあるいはミカン、シダの葉である裏白、串にさした干し柿を飾るのが一般的だ。1月11日に行われる鏡開きと呼ばれる儀式では、その日まで飾られて硬くなったもちを割って食べる。

Toshikoshi-soba 年越しそば

Le 31 décembre, qui marque le début des importantes célébrations du nouvel an, est appelé *omisoka*. C'est la coutume dans les familles de manger des nouilles de sarrasin chaudes *(toshikoshi-soba)* ce soir-là, avant minuit (mais pas après). Leur nom signifie littéralement : « nouilles pour passer l'année » – en d'autres mots, dire au revoir à la vieille année et accueillir la nouvelle. Différentes raisons sont avancées pour expliquer cette tradition. Une explication courante veut que la longueur des nouilles symbolise la longévité. D'après une autre, les soba sont faciles à couper, aussi symbolisent-ils le fait de « couper court » aux épreuves, aux soucis et aux dettes de l'année écoulée.

12月31日は、大切な新年の祝賀が始まろうとするときで、大みそかと呼ばれる。夜中の12時までに（後ではいけない）、熱々のそば（年越しそば）を家族で食べるならわしがある。文字どおり「年を越す麺」であり、言い換えると、古き年を見送り新しい年を迎える意味を持つ。このならわしについては諸説ある。広く知られているのは、そばの長さが長寿を象徴しているという説だ。そばが切れやすいことから、終わろうとしているその年の苦難や不幸、借金などすべてひっくるめて断ち切ることを象徴するとの説もある。

Joya-no-kane　除夜の鐘

Les cloches des temples japonais sont sonnées 108 fois la veille du jour de l'an ou très tôt le 1er janvier. Cette cérémonie, appelée *joya-no-kane*, symbolise le fait de repousser les 108 péchés du monde et de commencer la nouvelle année frais et pur. Dans les jours anciens, le dernier coup coïncidait avec minuit. Cependant, récemment, la mode du compte à rebours avant minuit, à l'occidentale, s'est répandue jusque dans certains des plus grands temples, et c'est le premier coup de cloche qui marque minuit. Dans beaucoup de temples, il est possible de s'inscrire à l'avance pour contribuer, modestement, à sonner la cloche.

　日本の寺院では、大みそかの深夜か元旦の早朝に108つの鐘をつく（除夜の鐘）。鐘を108回つくのは、俗世の108の煩悩を追い払い、新年を新鮮で純粋な気分で始めるという意味がある。昔は108回目の鐘は午前0時ぴったりに鳴らされたものだったが、最近では午前0時まで「カウントダウン」する西洋スタイルがいくつかの大きな寺院に広まり、最初の鐘が午前0時を刻むようになった。あらかじめ少額のお布施をして申し込んでおけば、鐘を1回つかせてくれる寺院も多い。

Hatsu-mode 初詣

La première visite de l'année à un temple ou un sanctuaire est appelée *hatsu-mode*. Certaines personnes aiment à la combiner avec le compte à rebours jusqu'à minuit le 31 décembre. D'autres préfèrent vivre le changement d'année chez eux, puis sortir, ou se rendre au temple ou au sanctuaire dans le courant des trois premiers jours de janvier, nommés *san-ga-nichi*. Seul le 1er janvier est férié, mais beaucoup de gens prennent au moins trois jours de vacances. De grands sanctuaires, tels que le Tsurugaoka Hachimangu à Kamakura ou le Meiji Jingu à Tokyo, reçoivent plusieurs millions de visiteurs chaque année à cette même période. Approcher des bâtiments principaux est extrêmement long ! D'énormes boîtes à offrandes *(saisenbako)* sont préparées afin que les visiteurs puissent y jeter de l'argent, avant de prier pour une année fructueuse.

　年が明けて初めて寺院や神社に詣でることを初詣と呼ぶ。真夜中のカウントダウンと初詣を同時に行おうとする人もいれば、新年を家で迎え、それから初詣に出かける人、あるいは1月の1日から3日までの間に出かける人もいる。この3日間を三が日と呼ぶ。1日だけが国民の祝日だが、少なくとも3日間の休暇をとる人が多い。鎌倉の鶴岡八幡宮や東京の明治神宮といった大きな神社では、毎年この期間に数百万人が初詣に訪れる。本殿に向かう列は遅々として進まない！寺院や神社には大きな賽銭箱が設けてあり、初詣客が現金を投げ入れ、よい年になるよう祈願できるようになっている。

Hamaya　破魔矢

Les flèches de bois nommées *hamaya* sont l'un des porte-bonheur les plus populaires, parmi ceux vendus dans les sanctuaires pour le nouvel an. Censées apporter rapidement et immanquablement la chance afin de préserver une maison ou une affaire contre le mal et toutes sortes de calamités durant l'année à venir, elles sont généralement placées en hauteur, au-dessus d'une porte ou d'une fenêtre. Longues d'environ 60 centimètres le plus souvent, elles sont garnies de plumes blanches en matière synthétique, mais n'ont pas de bout pointu. Un papier rouge, blanc, doré ou argenté est enroulé autour du tube, portant le nom du sanctuaire. Des clochettes et une tablette votive *(ema)* peuvent également y être attachées. La tradition veut qu'on achète une nouvelle hamaya chaque année et qu'on brûle celle de l'année précédente dans le sanctuaire dont elle provient.

新年に神社で販売されている最も人気のあるお守りの1つに、破魔矢と呼ばれる木製の矢がある。破魔矢は速やかに、また確実に幸運をもたらし、来たる年に家や商売を不運やあらゆる災難から守るといわれているが、通常、戸口や窓の上の高いところに飾っておく。一般に長さは60センチほどで、白い合成の羽がついているが、先は尖っていない。矢の柄には神社の名前が書かれた赤、白、金、あるいは銀色などの紙を巻いてあったり、小さな鈴や奉納額である絵馬がついていることもある。毎年新しいものを買い、前年のものは買った神社で焼いてもらうのがならわしだ。

O-toso おとそ

Depuis plus de mille ans, on boit le matin du 1er janvier un type de saké sucré appelé *O-toso* (vaincre le mal), qu'on offre ensuite aux invités pendant toute la période de fête. Cette boisson est considérée comme une protection contre la maladie et le mal. La recette varie d'un coin à l'autre du pays, mais les ingrédients de base en sont du saké ou du *mirin* (saké sucré pour la cuisine) auquel on a ajouté divers produits naturels aux vertus médicinales, tels que le poivre japonais *(sansho)*, le gingembre, la rhubarbe, la cannelle et l'écorce de cannelier de Chine. Les médecins et les pharmaciens avaient à une époque l'habitude d'offrir un mélange d'herbes officinales appropriées comme cadeau de nouvel an. Aujourd'hui, la plupart des gens achètent des sachets d'épices prêts à l'emploi, qu'ils versent dans du saké la veille du jour de l'an et laissent infuser pendant la nuit. Ce saké sera ensuite servi dans des coupes laquées *(sakazuki)* à l'aide d'un récipient décoratif, telle une théière à manche *(kyusu)*.

千年以上にわたって、1月1日の朝には邪気をはらう「おとそ」と呼ばれる甘みのある特殊な酒を飲み、正月中はこれを客にふるまう風習が続いている。おとそは、疫病や厄神から身を守ると考えられている。おとそのつくり方は日本各地でさまざまだが、基本的には、酒あるいはみりん（甘い料理酒）を、山椒（さんしょう）、ショウガ、ダイオウ、シナモン、ケイヒなどの薬効のある香草で味つけする。昔は、医者と薬屋が、おとそに合う香草を混ぜたものを新年の贈り物として配る習慣があった。現代ではそうした香辛料がティーバッグになったものを買って、大みそかに酒に加え、ひと晩寝かせるという人がほとんどである。おとそは急須のような華やかな酒瓶から塗りの杯にそそいで供される。

O-toshidama　お年玉

Les dons d'argent appelés *O-toshidama* (joyaux de l'année) sont l'une des attractions principales du nouvel an pour les enfants. Avant le xxᵉ siècle, la tradition d'offrir des cadeaux individuels pour les anniversaires ou à Noël ne s'était pas généralisée au Japon. La coutume se développa à partir de plusieurs pratiques anciennes : les échanges de présents entre les familles au nouvel an ; la distribution par les temples et les sanctuaires de cadeaux qu'eux-mêmes avaient reçus ; et l'habitude pour le doyen de la famille de représenter le dieu de la nouvelle année *(toshigami)* en donnant aux plus jeunes les gâteaux de riz *(mochi)* qui ont été consacrés à la déité. Aujourd'hui, les parents et les amis de la famille offrent aux enfants des enveloppes décorées spéciales *(O-toshidama-bukuro)* contenant de l'argent.

　お年玉（年の宝）と呼ばれるお金の贈り物は、子供にとって正月一番の楽しみである。20世紀になるまで、日本には誕生日やクリスマスにプレゼントを贈り合うという習慣はなかった。お年玉は古代の風習から発展したものである。たとえば、新年に家族でプレゼントを交換するという風習。あるいは神社や寺院が、受けとった贈り物を配るという風習。そして家族で最年長の者が、新年の神（年神）の代理として、若い者たちに神に供えていたもちを与える風習。現代では、親戚や家族の友人が特別なデザインの封筒（お年玉袋）にお金を入れて子供に贈る。

O-sechi-ryori おせち料理

Différents mets spécifiques sont servis lors du nouvel an, à la fois pour la famille et les invités. C'est le cas par exemple du *zoni*, une soupe chaude avec des *mochi*, des morceaux de poulet, de l'écorce de citron, etc. Si c'est habituellement une soupe claire dans les régions du Kanto et de Kyushu, elle est souvent confectionnée avec du *miso* (pâte de soja fermentée) dans le Kansai. L'assortiment traditionnel de fruits de mer, viandes, légumes et pickles à signification symbolique est appelé *O-sechi-ryori*. Les aliments peuvent être préparés à l'avance et consommés froids, ce qui ménage aux maîtresses et maîtres de maison un temps de repos bienvenu après leur travail en cuisine. Seuls le riz et la soupe miso doivent être servis chauds. Toutefois, il est devenu courant aujourd'hui de commander, dans un restaurant ou une boutique, un O-sechi-ryori qui, souvent, inclut des mets non traditionnels, tels que des plats chinois ou des sushi. Et certaines personnes préfèrent ne pas manger les mêmes choses pendant trois jours !

歳時記・冬

　新年には、家族と来客に特別なごちそうが供される。その1つ、雑煮は新年に食べる温かい汁物で、もちと小さく切った鶏肉、ゆずの皮などが入っている。関東や九州では通常すまし汁、関西では味噌入りでつくられることが多い。それぞれ象徴的な意味を持つ魚介類や肉、野菜、酢の物をとり混ぜた伝統的な料理を、おせち料理という。おせち料理は前もってつくることが可能で、冷えたまま食べられるものばかりなので、主婦や主夫は台所仕事から解放される。温かい汁物とご飯だけを用意すればよいというわけだ。とはいっても、今ではレストランや店

におせち料理を注文することはよくあることで、中華料理やすしなど、伝統とは
関係のない食べ物が入っていることもしばしばだ。それに3日も続けて同じ料理
を食べるのはいやだという人もいる！

Kamakura かまくら

Dans les régions souvent enneigées du nord du Japon, existe une tradition consistant, pour les enfants, à bâtir des maisons de neige rondes *(kamakura)* semblables à de petits igloos. Il y a à l'intérieur de l'espace pour trois ou quatre enfants assis sur des coussins posés sur de fines nattes de paille *(mushiro)*. Beaucoup de ces cabanes sont aujourd'hui équipées d'un système d'éclairage électrique, qui remplace les traditionnelles chandelles, et même d'une table chauffée *(kotatsu)*. Cependant, il est encore fréquent que les enfants s'y assoient autour d'un petit brasero à charbon de bois *(hibachi)*, au-dessus duquel ils font griller des gâteaux de riz *(mochi)*. Une petite niche est ménagée dans la paroi du fond, où est installé un sanctuaire miniature *(kamidana)* dédié à Sujin, le dieu de l'eau, et des prières sont adressées à ce dernier afin que les pluies de printemps soient abondantes. Si la porte est fermée par un écran de type *sudare*, l'intérieur d'un kamakura peut être relativement chaud, et certains enfants y passent même la nuit.

歳時記・冬

　日本北部の積雪地帯に、子供たちが小さなイグルーのような丸い雪の家、かまくらをつくる伝統がある。中には3～4人の子供がむしろの上に座布団を敷いて座れるくらいのスペースがある。明かりはろうそくだけというのがならわしだったが、今日では電灯を備えたものも多く、こたつが置いてあるものさえある。しかし、子供たちは今でも小さな火鉢を囲んで座り、もちを焼くことが多い。かまくらの奥の壁には小さなくぼみをつくり、水神を祭る小さな神棚を飾って、春に十分な雨が降るようにと祈りを捧げる。入り口にすだれがかかっていると、中はとても暖かく、夜どおしかまくらの中で過ごす子供もいる。

日仏対訳 日本風物詩

2018年2月3日 第1刷発行

著　　　者　　ステュウット ヴァーナム−アットキン

訳者(和文)　とよざきようこ

訳者(仏文)　ローラン・ストリム

発 行 者　　浦　晋亮

発 行 所　　IBCパブリッシング株式会社
　　　　　　〒162-0804
　　　　　　東京都新宿区中里町29番3号
　　　　　　菱秀神楽坂ビル9F
　　　　　　TEL 03-3513-4511
　　　　　　FAX 03-3513-4512
　　　　　　www.ibcpub.co.jp

印 刷 所　　日新印刷株式会社

ISBN 978-4-7946-0527-6

Printed in Japan